Mit 2-Kilo-
weg-Diät

**ROSE MARIE
DONHAUSER**

ABNEHM-
SMOOTHIES

**Schlank mit den
Powerdrinks:**
über 50 Detox-Rezepte

Mit 2-Kilo-
weg-Diät

ROSE MARIE
DONHAUSER

ABNEHM-
SMOOTHIES

**Schlank mit den
Powerdrinks:**
über 50 Detox-Rezepte

Mit 2-Kilo-
weg-Diät

**ROSE MARIE
DONHAUSER**

ABNEHM-
SMOOTHIES

**Schlank mit den
Powerdrinks:**
über 50 Detox-Rezepte

Inhalt

Abnehm-Smoothies – die Rezepte

Smoothies – Energiekick für Körper und Geist

Voller Elan und Tatendrang, euphorisch und glücklich in den Tag starten – das ist mit den Abnehm-Smoothies erfolgreich umsetzbar. Geben Sie schon morgens frisches Obst und Pflanzengrün in den Mixer und genießen Sie die pure Natur. Sie schenkt Ihnen nicht nur ein strahlendes Äußeres, sondern auch Gesundheit und Vitalität.

Smoothies – Energiekick für Körper und Geist

Voller Elan und Tatendrang, euphorisch und glücklich in den Tag starten – das ist mit den Abnehm-Smoothies erfolgreich umsetzbar. Geben Sie schon morgens frisches Obst und Pflanzengrün in den Mixer und genießen Sie die pure Natur. Sie schenkt Ihnen nicht nur ein strahlendes Äußeres, sondern auch Gesundheit und Vitalität.

Ein Füllhorn an
wertvollen Nährstoffen

Wer den Tag roh und köstlich – rohköst-lich – mit einem frisch gemixten Smoothie beginnt, bekommt damit nicht nur reichlich Flüssigkeit, sondern mit Vitaminen, Mineral-und Ballaststoffen sowie Proteinen auch die nötige Power, um sich den Herausforderun-gen des Alltags zu stellen. Und ganz neben-bei verlieren Sie damit auch noch lästige überflüssige Pfunde.

Je nach Zutaten – seien es Salat, Gemüse und Früchte oder nur Obst – beträgt die Vorbereitungszeit für die Smoothies maximal 15 Minuten: waschen und putzen, schälen, grob klein schneiden und dann ab damit in den Turbomixer. Anschließend nur noch genüsslich trinken und in aller Ruhe neue Energie tanken – das überzeugt selbst den größten Frühstücksmuffel.

Die individuelle Tageszeit wählen

Der nährstoffreiche Vitaltrunk kann immer und zu jeder Tageszeit verzehrt werden, ob als Frühstück, Frühstückchen, Mittagessen, Frischekick am Nachmittag oder als Abend-essen. Smoothies eignen sich sehr gut als Er-satz für Mahlzeiten, denn der Kaloriengehalt

der flüssigen Nahrung variiert je nach Wahl der Zutaten zwischen hoch, niedrig und sehr niedrig. Wählen Sie also den für Sie richtigen Zeitpunkt in Ihrem persönlichen Tagesablauf, wann Sie eine Mahlzeit gegen einen Smoothie austauschen möchten. Für Berufstätige kann es praktisch sein, einen Smoothie morgens zu frühstücken und die zweite Portion in einen To-go-Becher für den Arbeitsplatz zu füllen. Andere wiederum trin-ken ihren Morgen-Smoothie, gehen mittags in die Kantine und mixen sich am Abend einen zweiten Smoothie. Verträglich sind die flüssigen Nährstoffkonzentrate zu jeder Tageszeit, je nach individuellen Bedürfnissen.

Bereits mit kleinen Veränderungen im täg-lichen Speiseplan können Sie Ihre Gesund-heit verbessern oder stärken: Ersetzen Sie öfter den vermeintlich energiebringenden Schokoriegel durch einen Smoothie. Oder tauschen Sie ein zu süßes und schweres Frühstück gegen einen Frischekick à la grü-ner Smoothie. Innerhalb kürzester Zeit wird neuer Schwung in Ihren Tag kommen, die Fruchtsüße der Smoothies wird den Heiß-hunger auf Süßigkeiten schmälern, und die saisonalen und regionalen Zutaten werden für Abwechslung sorgen.

Schönheit und Gesundheit zum Trinken: Die frischen Zutaten im Smoothie versorgen Ihren Körper mit wichtigen Nährstoffen wie Vitaminen, Mineralien & Co.

Sanfte Umstellung im Einklang mit der Natur

Sie möchten mit Smoothies abnehmen? Eine gute Entscheidung, denn damit setzen Sie auf eine sanfte Ernährungsumstellung. Bei den Abnehmprogrammen in diesem Buch trinken Sie nicht ausschließlich Smoothies, sondern kombinieren diese mit Ihrem normalen Speiseplan. Nach und nach werden Sie sich nicht nur gesünder und fitter fühlen, Sie werden auch immer mehr Lust auf die Powerdrinks bekommen – und obendrein mit einer erfolgreichen Gewichtsabnahme belohnt.

Das Credo heißt »Pro Natur«, nicht »Wider die Natur« oder »denaturiert«. Übersetzt drückt das Wort »denaturiert« aus, dass natürliche Produkte verändert wurden. Diese Veränderung wird beispielsweise durch Erhitzen bewirkt: Die in den Lebensmitteln enthaltenen Vitamine, Enzyme und sekundären Pflanzenstoffe werden dabei vermindert oder ganz zerstört. Dagegen ist alles, was die Natur hervorbringt, vollwertig, und deshalb ist eine natürliche Ernährung gesund. Erst die Menschen veränderten die Nahrungsmittel, denaturierten sie und vernichteten damit lebensnotwendige Stoffe, die für ein gesundes Leben unverzichtbar sind.

Grün macht fit! Die Kombination einer gesunden Ernährung, zu der auch frisch gemixte Smoothies gehören, und ausreichend Bewegung ist unschlagbar im Kampf gegen lästige Pfunde.

Abnehmen und sich wohlfühlen

Wer abnehmen will oder schlank bleiben möchte, tut mit Smoothies nicht nur seinem Aussehen etwas Gutes, sondern auch seiner Gesundheit. »Schlank« ist nur im Doppelpack mit »gesund« erstrebenswert, denn leider bedeutet Schlankwerden bei vielen Diäten nicht unbedingt auch Gesundwerden oder -bleiben. Das Wort »Diät« stammt aus dem Griechischen und bezeichnet eine von der üblichen Ernährung abweichende Kostform

zur Vorbeugung und Behandlung von Erkrankungen. Der Volksmund assoziiert mit einer Diät jedoch nur Abnehmen.

Die wenigsten Menschen haben bei einer Diät das Ziel, etwas für ihre Gesundheit zu tun. Vielmehr jagen die meisten in einer besonders gesundheitsschädlichen Weise einem Schönheitsideal nach, das in der Regel nie erreicht wird. Dabei wird mit einseitigen Diäten und Crashkuren der Körper mehr geschädigt als durch die beispielsweise lästigen fünf Kilo Übergewicht. Hinzu kommt, dass die Erfolge der meisten Diäten nicht lange anhalten. In den ersten Tagen purzeln zwar die unerwünschten Pfunde, etwa weil der Organismus zunächst überschüssiges Wasser ausscheidet. Doch nach der Diät droht schnell der Jo-Jo-Effekt, da der Körper den Stoffwechsel durch die geringe Kalorienzufuhr inzwischen heruntergefahren hat. Er interpretiert die strenge Diät als Hungersnot, mit dem Ergebnis, dass er seinen Grundumsatz nicht wieder steigert, wenn die Diät beendet ist. Stattdessen lagern die Fettzellen nach dem verordneten Hungerstreik vermehrt Fett in den Depots ein, und man nimmt nun schneller zu als vorher. Das Ausgangsgewicht oder sogar mehr als das ist rasch wieder erreicht.

Wer richtig isst, braucht keine Diät

Wenn Sie schon lange das Gefühl haben, sich ohne Erfolg von einer Diät zur nächsten zu hangeln, kann es sein, dass Sie falsch an das Thema Abnehmen herangehen. Denn wenn Sie nach einer Diät wieder in Ihren alten Ernährungsrhythmus verfallen, tappen Sie wahrscheinlich in die gefürchtete Jo-Jo-Falle. Das Wohlfühlgewicht kann nur langfristig gehalten werden, wenn täglich eine vernünftige Ernährung stattfindet. »Lebens-Mittel« heißt das Zauberwort, pur und frisch aus der Natur. Keine Fertiggerichte mit Aromastoffen, versteckten Zuckerarten und Süßungsmitteln, Geschmacksverstärkern und Stabilisatoren.

Alles Smoothie oder was?

Im deutschen Lebensmittelrecht gibt es keine exakte Definition, welche Getränke als Smoothie bezeichnet werden dürfen, und so hat die Industrie bei der Vermarktung von Fertig-Smoothies leichtes Spiel: Fruchtmark oder Fruchtpüree, das mit Fruchtsäften, auch Joghurt oder Milch, zu einer cremigen Konsistenz vermischt wird, kommt unter diesem Begriff in den Handel. Und auch dass mindestens 50 Prozent des Inhalts aus Fruchtpüree oder Fruchtstückchen bestehen sollten, ist lediglich ein unverbindlicher Richtwert der Deutschen Gesellschaft für Ernährung. Hier ist der Verbraucher aufgefordert, die Inhaltsstoffe genau zu prüfen, denn auch Konservierungsmittel und Zucker sind in fertigen Smoothies oft enthalten.

Je mehr künstliche Nahrung verzehrt wird, desto größer wird der Hunger auf Süßes und Denaturiertes. Der erste Schritt von der kleinen zur großen Umstellung kann darin bestehen, die eigenen Vorräte zu prüfen, dabei die Verpackungen genauer ins Visier zu nehmen und Inhaltsstoffe, die Sie nicht kennen, im Internet zu recherchieren. Je mehr Sie sich damit befassen, desto mehr wird die Erkenntnis reifen, dass die Natur die beste Wahl ist.

Richtig essen und trinken

Richtig abzunehmen heißt deshalb – ebenso wie in der täglichen Ernährung – Verantwortung für den Körper zu übernehmen, also eine kalorienreduzierte und vor allem gesunde Diät zu halten. Und speziell bei einer Diät sowie auch bei einer Ernährungsumstellung muss der Körper noch mehr als sonst mit lebensnotwendigen Biostoffen versorgt werden. Die Schlussfolgerung kann also nur lauten, die ungesunde Ernährung durch eine gesunde Ernährung auszutauschen. Mit den Smoothies ist dies ein leichtes Spiel, denn die aufgespaltenen Texturen von fein püriertem Obst und Gemüse gelangen als unveränderte Nahrungsenzyme in unseren Organismus und können somit optimal verwertet werden.

Lassen Sie Ihrer Kombinierfreude freien Lauf. Sie werden bald Ihren Lieblings-Smoothie gefunden haben.

Schlank und schön

Die Natur leuchtet in bunten Farben, und genau in dieser lebendigen Nahrung stecken bioaktive Stoffe, die auch noch lecker schmecken: Die Karotinoide in Grünkohl, Feldsalat, Spinat und Möhren beispielsweise schützen die Haut vor Fältchen. Das Chlorophyll in grünen Salaten »repariert« geschädigte Zellen und sorgt für ein gesundes Aussehen. Smoothies schmecken also nicht nur lecker – durch die Zufuhr von Vitaminen, Bio- und Mineralstoffen trinken Sie sich schlank und schön.

Besonders die Vitamine sind für unseren Körper wichtig: Sie steuern den Stoffwechsel und übernehmen zusätzlich vielfältige Schutzfunktionen. Für den Menschen sind vor allem 13 Vitamine von Bedeutung. Man unterscheidet zwischen den vier fettlöslichen Vitaminen A, D, E und K, die im Organismus gespeichert werden, und den wasserlöslichen Vitaminen B1, B2, Niazin, B6, Pantothensäure, Biotin, B12, Folsäure und Vitamin C, die aus dem Körper ausgeschieden und folglich immer wieder ersetzt werden müssen. Als Schönheitsvitamin ist Biotin, das auch als Vitamin B7 oder Vitamin H bezeichnet wird, bekannt. Speziell frische Spinatblätter enthalten dieses Vitamin, im Rezeptteil (siehe S. 44ff.) sind daher einige »Schönheits-Smoothies« mit reichlich Spinat zu finden.

Doch letztlich ist es das Zusammenspiel aller Vitamine, das wir täglich brauchen, um vital und leistungsstark zu bleiben. Im Diätteil sind die Vitamine einzeln aufgelistet (siehe S. 42f.), um Ihnen einen Überblick darüber zu geben, wie Sie Schönheit trinken können und mit der richtigen Dosis an flüssigen Kalorien dabei auch noch abnehmen.

Das Chlorophyll in grünem Blattgemüse wie Spinat nährt und schützt unsere Zellen – und erfreut die Augen!

Ein Füllhorn an Nährstoffen

Klassische Smoothies –
quer durch den
Obstgarten

Mit den klassischen Smoothies können Sie eine Reise durch heimische und exotische Obstgärten machen.

Frische reife Früchte, am besten saisonal und regional, mit einem Hauch Exotik von Ananas, Banane und Mango: Schälen, klein schneiden, ab in den Mixer, und fertig ist das pürierte Trinkerlebnis. Für dieses aus 100 Prozent Frucht bestehende cremige Getränk hat sich der Begriff »Smoothie«, von englisch

»smooth« für »samtig-weich, fein, gleichmäßig«, etabliert. Ein überaus erfolgreicher Gesundheitsimport aus Amerika, denn dort entwickelte sich bereits in den 1920er-Jahren die Geschäftsidee der Saftbars. Früchte nach Wahl, frisch gepresst und portionsweise abgefüllt, leicht zum Mitnehmen.

Das Gesundheitskonzept der Saftläden entwickelte sich mit den Bedürfnissen der Konsumenten stetig weiter. Es entstanden »Health Bars« und »Smoothie Bars«, in denen ganze Früchte nicht mehr wie üblich gepresst oder entsaftet, sondern püriert wurden. Der Clou daran war, dass die Früchte angefroren gemixt wurden, um ihre fluffige Sämigkeit zu erhalten.

Das Geheimnis
seines Erfolgs

Es können zwar die meisten Früchte wie Orangen, Trauben, Birnen, Nektarinen, Melonen und Äpfel gepresst und somit entsaftet werden, aber beispielsweise das Fruchtfleisch von Mangos und Bananen wird püriert. Beim Pressen und Entsaften der

Früchte entsteht Früchteabfall, der noch reich
an Vitaminen, Vital- und Ballaststoffen und
somit einfach zu schade zum Wegwerfen
ist. Der Erfolg des Smoothies liegt darin,
dass alles püriert werden kann, wobei die
wertvollen Inhaltsstoffe ideal verwertet werden. Der gesunde Früchteabfall macht das
Getränk sämiger und weicher; zudem geht
es viel schneller, alles in den Mixer zu geben
und ihn die Arbeit machen zu lassen.

Dabei können viele Obstsorten wie Birnen,
Aprikosen, Pfirsiche und Äpfel mit der Schale
verarbeitet werden, denn vor allem unter
der Obstschale befinden sich wertvolle Nährstoffe und Vitamine, die sogenannten sekundären Pflanzenstoffe. Sogar das Kerngehäuse
von Äpfeln und Birnen sowie Melonenkerne
können mitgemixt werden.

Es gibt eigentlich nur eine Regel: Früchte-
Smoothies sind so gut wie ihre Zutaten und
leben von ihrer Frische. Ansonsten gilt: Ihrer
Kreativität sind keine Grenzen gesetzt – reife,
süße Erdbeeren, Kirschen, Aprikosen oder
aromatisch duftende Bananen schmecken
hervorragend und können immer wieder
aufs Neue kombiniert werden. So erge-
ben sie innovative, leckere und gesunde
Powerdrinks.

Cremige, kühle Vitaminbombe

Die Cremigkeit eines Smoothies wird nicht
ausschließlich durch die Verwendung der
ganzen pürierten Früchte erzeugt, auch
das Anfrieren der Früchte vor dem Mixen
trägt dazu bei. Im Sommer bei hohen

Mit dem richtigen Mixer genießen Sie im Nu frische Smoothies: waschen, schälen, schneiden, mixen – fertig.

verwenden, je nachdem, wie es regional schmeckt, oder natriumarmes Mineralwasser.

Ab in den Mixer und los

Die Wahl des richtigen Standmixers ist von den individuellen Ansprüchen abhängig. Werden überwiegend Früchte verwendet, so kann durchaus ein einfacher und relativ erschwinglicher Standmixer ausreichen. Weiche Früchte wie Beeren, Bananen, Äpfel, Birnen, Melonen, Mangos und Papayas bedürfen keiner großen Mixkraft, sie können sogar mit Beigaben wie Milch, Joghurt, Kefir, Sojajoghurt und Getreidemilch sehr simpel mit einem Stabmixer püriert werden.

Temperaturen stellt dieses kalte Getränk eine willkommene vitaminspendende Abkühlung dar, angesichts derer man auf kalorienhaltiges süßes Speiseeis gern verzichtet. In der kühleren Jahreszeit, wenn es draußen ungemütlicher wird, können Sie individuell entscheiden, ob Sie den Smoothie vielleicht doch nur aus zimmerwarmen und nicht aus angefrorenen Früchten mixen. Außerdem können Sie bei jedem Rezept ganz nach Belieben zusätzlich Wasser zugeben, etwa dann, wenn Ihnen der Smoothie sonst zu süß ist. Oder Sie ersetzen die Eiswürfel durch kaltes beziehungsweise zimmerwarmes Wasser. Sie können dafür Leitungswasser

Ist jedoch das große »Mixfieber« ausgebrochen, empfiehlt sich die Anschaffung eines hochwertigen Hochleistungsmixers ab 30 000 Umdrehungen pro Minute. Bei der Zubereitung von grünen Smoothies ist diese Anschaffung unabdingbar, denn erst bei diesen hohen Drehzahlen werden grüne Blätter und feste Strukturen bis auf die Zellulosewände zerkleinert und vollständig püriert, sodass die einzelnen Pflanzenzellen aufgebrochen werden. Die Auswahl an Geräten hinsichtlich Größe, Volumen und Design ist vielfältig – und nicht zuletzt natürlich auch eine Frage des Preises.

Grüne Smoothies –
die farbenfrohe Kraft der Natur

Das klein geschnittene Grün von Pflanzen, etwa Möhrengrün, gemixt mit Gemüse und Früchten und verdünnt mit Wasser – fertig ist der grüne Smoothie. Der rohköstliche Drink enthält sämtliche Vitamine und Ballaststoffe der naturbelassenen Pflanze und kann durch das Pürieren mühelos verdaut und über den Darm aufgenommen werden. Aber auch wenn der grüne Wundertrank noch so dünn ist – je nach gewünschter Konsistenz können Sie ihn auch cremiger und sämiger mixen –, sollten Sie ihn nicht einfach »herunterstürzen«, sondern langsam, leicht kauend und genüsslich trinken. Denn bereits in Mund und Rachen werden die wertvollen Biostoffe aufgenommen.

Wunder wirkendes Pflanzengrün

Grüne Smoothies werden nicht umsonst als »magische Wunderdrinks« gehandelt: Sie enthalten wertvolle sekundäre Pflanzenstoffe, Enzyme, Aminosäuren und Vitamine, da bei der Zubereitung keine Zutaten erhitzt, anderweitig denaturiert oder fermentiert werden. Als Erfinderin der grünen Smoothies gilt die in den USA lebende gebürtige Russin Victoria Boutenko. Aufgrund gesundheitlicher Probleme stellte Frau Boutenko bereits im Jahr 1994 die gesamte Ernährung ihrer Familie auf Rohkost um. Die Krankheiten verschwanden, doch erst 2004 fand sie eine noch praktischere Verwertung von Pflanzengrün: die grünen Smoothies. Da es nicht jedermanns Sache ist, große Mengen an »Grünzeug« zu sich zu nehmen – sei es aus Zeitmangel oder weil manche schlichtweg kein (Grün-)Gemüse mögen –, fing sie kurzerhand an, es mit Wasser zu pürieren. Eines der wichtigsten Argumente für das intensive Mixen und Pürieren war für sie, dass dabei die Texturen der Grünpflanzen aufgebrochen und so fein zerkleinert werden, dass die grünen Getränke wie flüssige Nährstoffkonzentrate wirken. Damit die Smoothies besser und nicht zu gesund schmeckten, kombinierte sie sie mit Obst, das durch die Fruchtsüße ausgleichend wirkt.

Der natürliche Powerkick

Im Vergleich zu reinen Frucht-Smoothies sind »die Grünen« weniger süß: Sie bestehen zu einem Teil aus dem Grün von Pflanzen oder Gemüse, zu einem Teil aus Früchten und zu einem Teil aus Wasser. Haben Sie

Grüne Smoothies sind wahre Powerdrinks, die nicht nur für einen ausgewogenen Säure-Basen-Haushalt sorgen, sondern dem Körper auch neue Energie schenken – ein Frischekick auch für den Geist!

bisher kaum oder nie grüne Smoothies getrunken, starten Sie ruhig mit etwas mehr Obst, um sich auf diese Weise allmählich von der Fruchtsüße zu verabschieden. Der Fruchtanteil kann zu Beginn 60 Prozent und der Anteil von Blattgrün und Gemüse 40 Prozent betragen. Nach einer gewissen Eingewöhnungszeit werden die Prozentanteile dann einfach umgekehrt. Im Vordergrund steht – abgesehen vom gesundheitlichen Nutzen – der persönliche Geschmack.

Das Wichtigste bei einem grünen Smoothie ist die absolute Frische der Zutaten. Diese erreichen Sie nur, wenn Sie saisonal und regional einkaufen. Daher sollten Smoothie-Fans den Jahreszeiten entsprechend auf das Angebot achten und sich bei Salat, Gemüse, Früchten und Kräutern immer für Frische entscheiden. Besonders empfehlenswert sind Wildkräuter, sowohl wegen ihres würzigen Geschmacks als auch wegen ihrer reinigenden, aufbauenden Wirkung.

Von Säuren und Basen

Grüne Smoothies verhelfen dem Körper wieder zu seinem natürlichen Gleichgewicht, einem ausgewogenen Säure-Basen-Haushalt. Dieser Haushalt kann durch sogenannte Säurebildner wie beispielsweise zu viel Fleisch und generell tierisches Eiweiß, aber auch ein Übermaß an Kaffee oder Zucker aus dem Lot geraten. Trinken Sie deshalb grün und mit jedem Schluck nehmen Sie Vitamine, Ballaststoffe, Proteine, Mineralstoffe, Spurenelemente, Enzyme und Antioxidanzien schnell und unkompliziert auf. Die grünen Powerdrinks schaffen Ausgleich und schenken Ihrem Körper neue Energie.

Grüne Smoothies sind dank ihrer Zutaten mit einem Heiltrank zu vergleichen: Die rohe Pflanzenkost trägt zur Reinigung und Entgiftung des Organismus bei. Doch speziell bei einer abrupten Umstellung von normaler Mischkost oder ungesundem Fast Food auf Naturküche mit Rohkost kann diese temporär einige körperliche Veränderungen und Beschwerden wie beispielsweise Kopfschmerzen, Müdigkeit, Hautunreinheiten oder Schlafstörungen nach sich ziehen. Wenn Sie also gerade erst zum Smoothie-Mixer werden, sollten Sie am Anfang lieber nicht ausschließlich grüne Smoothies trinken, sondern sie mit einem gesunden Mittag- oder Abendessen kombinieren. Dazu kommen dann ein bis zwei Smoothies pro Tag, die Sie vielleicht als Frühstück oder als Zwischenmahlzeit zu sich nehmen.

Die Frage des Mixers

Wie bereits erwähnt (siehe S. 16), ist für grüne Smoothies ein sehr guter Standmixer mit einer Leistung von 30 000 Umdrehungen pro Minute Voraussetzung. Nur ein solcher Hochleistungsmixer zerkleinert und püriert die grünen Blätter bis auf die Zellulosewände, sodass die einzelnen Pflanzenzellen aufgebrochen werden.

Bei der Verwendung eines Mixers mit weniger Umdrehungen können hingegen Probleme auftreten: Das Pürieren dauert so lange, dass der Mixer warm oder sogar heiß läuft und sich die Zutaten erwärmen; dies hat einerseits einen Nährstoffverlust zur Folge, andererseits werden die Zutaten nicht ausreichend zerkleinert.

Frisch und fertig

Die Rezepte in diesem Buch sind nach Jahreszeiten geordnet. Besonderes Augenmerk lag bei der Entwicklung der Rezepte auf dem Aspekt, dass die Smoothies für Einsteiger unkompliziert und mit wenigen Zutaten zubereitet werden können. Ziemlich schnell werden Sie Ihren persönlichen Geschmack einbringen und vielleicht die eine Zutat durch eine andere ersetzen. Wer keinen Feldsalat oder Eisbergsalat mag, kann ebenso gut Rucola oder Kopfsalat verwenden. Wer kein Bananenfreund ist, wird vielleicht auf Birne oder Mango zurückgreifen. Die Rezepte sind auf etwa 500 Milliliter ausgerichtet, das entspricht zwei Gläsern. So können Sie Ihren Smoothie entweder zu zweit frisch aus dem Mixer genießen oder den Rest in ein Glas füllen, mit Klarsichtfolie luftdicht verschließen und in den Kühlschrank stellen. Vielfach heißt es, ein Smoothie halte sich bis zu drei Tage im Kühlschrank. Doch um die Frische der wertvollen Inhaltsstoffe wirklich zu erhalten, sollten Sie den gekühlten Smoothie möglichst noch am selben Tag trinken. Dazu den gekühlten Smoothie einfach gründlich umrühren und in ein frisches Glas zum Trinken umfüllen. Einfrieren empfiehlt sich nicht, denn ein Smoothie lebt von seiner Frische. Außerdem ist er ja in Minutenschnelle zubereitet.

Grüne Smoothies – auch in Gelb und Rot
Grüne Smoothies müssen nicht grün sein – die Farbe hängt davon ab, wie viele Früchte oder welche Gemüse- beziehungsweise Salatsorten verwendet wurden. Die Bezeichnung »grüne Smoothies« soll lediglich den Unterschied zu den vorwiegend aus Früchten hergestellten Trinkkollegen signalisieren. Die grünen Zutaten haben unterschiedlich kräftige Farben; so verleiht beispielsweise Spinat dem Drink ein dominantes Grün, Eisbergsalat hingegen ein sehr helles Grün. Wenn Sie das sanfte Grün von frischem Kohl mit dem kräftig-beerigen Rot von Johannisbeeren mixen, wird der »grüne« Smoothie rot. Die Farbpalette kann von Braungrün über Gelb- und Rotgrün bis hin zu einem saftig-satten Grün reichen.

Superfoods
aus aller Welt

Nahrungsmittel, die über eine enorm hohe Nährstoff- und Vitalstoffdichte verfügen und somit viel zu unserer Gesundheit beisteuern, werden als Superfoods bezeichnet. Einige von ihnen eignen sich ganz hervorragend als Zutaten für Smoothies. Diese finden Sie im Folgenden aufgelistet, ohne Gewähr für Vollständigkeit. Verwendet werden sie allerdings meist in homöopathischen Dosen, also eher als Messerspitze, Teelöffel oder Esslöffel – teilweise weil der empfohlene Tagesbedarf eher gering ist, teilweise aber auch im Hinblick darauf, dass viele Superfoods sehr teuer sind.

• Acai-Beeren
Die dunkelblauen kleinen runden Beeren stammen aus Brasilien. Es gibt sie getrocknet oder pulverisiert zu kaufen. Der Superhype um diese Beeren, von denen ausschließlich die Häute verwenden werden, beruht auf der hohen Antioxidanzienwirkung, dem Schutz vor freien Radikalen, sowie der Anregung des Stoffwechsels. Eine Prise davon im Smoothie unterstützt beim Abnehmen.

• Acerolakirschen
Mit 1700 Milligramm Vitamin C pro 100 Gramm Fruchtfleisch stieg die tropische rote Kirsche aus Südamerika im Bereich Nahrungsergänzungsmittel zur wahren Vitamin-C-Bombe auf. Im Vergleich dazu enthalten 100 Gramm Orangenfruchtfleisch nur knapp 50 Milligramm Vitamin C. Die Acerolakirsche ist als Saft, getrocknet und pulverisiert erhältlich.

• Aloe vera
Frische Aloe-vera-Blätter in Bioqualität gibt es einzeln zu kaufen, oder Sie nehmen gleich eine Topfpflanze aus der Gärtnerei. Alternativ können Sie auch den naturbelassenen Saft verwenden. Ob ein klein geschnittenes Blatt oder etwas Frischsaft in den Smoothie – Aloe vera gilt mit ihren verschiedenen Vitaminen, Mineralstoffen, Enzymen, Aminosäuren und essenziellen Fettsäuren von jeher als Heilpflanze.

• Camu-Camu-Pulver
Das Nahrungsergänzungsmittel gleicht mit seinem hohen Vitamin-C-Gehalt einem Turbo-Aufpepper. Die roten Beeren aus Südamerika werden getrocknet und pulverisiert angeboten. Geben Sie sie nur messerspitzenweise in den Smoothie, da das Pulver sehr bitter schmeckt und der Tagesbedarf maximal einen halben Teelöffel beträgt.

Die Natur hat Powerstoffe zu bieten, die jeden Smoothie bereichern: Aloe vera, Chiasamen, Hanfsamen, Guarana, Acai, Acerola, Weizengras und Gojibeeren (von oben nach unten und von links nach rechts).

• Chiasamen

Die mohnähnlichen runden Samen der Chiapflanze stammen aus Südamerika. Sie enthalten viele Proteine und schmecken mild und nussig. Der hohe Anteil an Omega-3-Fettsäuren ist erwähnenswert. Erhältlich sind die Samen in kleinen Packungsgrößen, sie können ganz oder gemahlen verwendet werden. Trinken Sie dazu aber unbedingt viel Flüssigkeit, da die Samen im Verdauungstrakt aufquellen. Oder Sie weichen sie im Verhältnis 1:3 mindestens zehn Minuten in Wasser ein. Das dabei entstehende Gel können Sie anschließend im Smoothie mitmixen.

• Chlorella, AFA und Spirulina

Hinter diesen wohlklingenden Namen – AFA ist die Abkürzung des lateinischen Namens »Aphanizomenon flos-aquae« – stecken Süßwasseralgen im Mikroformat, die das Immunsystem stärken und als

»Entgiftungsfeuerwehr« gehandelt werden. Zudem gelten die Algen als wertvolle Vitamin-B12-Lieferanten, was vor allem für Menschen wichtig ist, die sich vegan und damit Vitamin-B12-arm ernähren.

• Gojibeeren

Die winterfesten Gojibeeren gibt es frisch aus dem Bioanbau oder getrocknet zu kaufen. Sie enthalten ein Vielfaches mehr an Vitamin C als beispielsweise Orangen und gelten weltweit als Superfood. Weichen Sie die getrockneten Beeren vor der Verwendung kurz in Wasser ein und mixen Sie sie anschließend im Smoothie mit.

• Guarana

Die südamerikanische Pflanze kommt getrocknet und pulverisiert auf den Markt. Sie enthält viel Koffein und hat sich bei Leistungsschwäche als Energiespender bewährt. Zudem hilft sie beim Abnehmen. Achten Sie auf die Packungshinweise, damit Sie nicht zu viel Guarana in den Smoothie mixen.

• Hanfsamen

Die geschälten Samen schmecken angenehm nussig und eignen sich zwischendurch als Snack, aber auch zum Mitmixen im Smoothie. Ihre wichtigsten Inhaltsstoffe sind Vitamin B1, B2 und B3 sowie Mineralien und Omega-3-Fettsäuren.

• Maca

Die südamerikanische Wurzel aus den peruanischen Anden schmeckt leicht süßlich und gilt dort schon seit Jahrtausenden als Heilpflanze. Bei uns wird sie als Pulver angeboten. Aufgrund ihres hohen Gehalts an Proteinen, Mineralstoffen und Vitaminen spendet sie dem Organismus viel Energie.

• Matcha

Dieses Superfood aus Japan besteht aus getrocknetem und gemahlenem grünem Tee. Das grasgrüne Pulver ist reich an antioxidativen phenolischen Inhaltsstoffen. Für die Herstellung kommen ausschließlich feinste Teeblätter zur Verwendung, die kurz vor der Ernte abgedeckt werden, damit sie im Schatten mehr Chlorophyll produzieren können. Nach dem Ernten und Trocknen werden wiederum nur die feinsten Blättchen ohne Strunk und Blattrippen in Granitsteinmühlen zu Matcha gemahlen.

• Weizengras

Das grüne Gras gibt es als frischen Saft oder als Pulver zu kaufen. Weizengras ist reich an Vitaminen, Mineralstoffen, Enzymen und Chlorophyll, weshalb der regelmäßige Genuss des frischen Safts einer basisch wirkenden Frischzellenkur gleichkommen soll. Mixen Sie das Weizengraspulver nach Packungshinweis im Smoothie mit.

Schlankheitswunder
frisch aus der Natur

Die Natur ist wie eine gut sortierte Apotheke, denn in den meisten Pflanzen befinden sich natürliche Schutzstoffe sowie bioaktive gesundheitsfördernde Pflanzenstoffe, etwa Polyphenole und Karotinoide. Sie wehren zellschädigende freie Radikale ab und beugen Herz-Kreislauf-Erkrankungen vor. Um sich gesund zu ernähren, brauchen Sie daher weder teure Nahrungsergänzungsmittel noch Unmengen an exotischen Früchten. Sie finden in jedem Supermarkt günstige Lebensmittel, die gesund sind und beim Abnehmen wahre Wunder wirken. Allem voran haben sie wenig Kalorien, wirken teils entwässernd und zeichnen sich durch einen hohen Vitamin-C-Gehalt aus. Vitamin C ist als Fatburner bekannt, denn dieses Vitamin kurbelt den Stoffwechsel an, wodurch mehr Fett verbrannt wird.

● Ananas
Die Frucht hat sich als Fettkiller einen Namen gemacht. Tatsache ist, dass sie als einzige Frucht das Enzym Bromelain enthält, das im Magen Eiweiß spaltet und somit die Verdauung fördert. Hinzu kommen reichlich Vitamin A und B sowie Kalzium und pro 100 Gramm Fruchtfleisch nur knappe 60 Kilokalorien. Der Vitamincocktail der Ananas

ist außerdem ideal für eine straffe Haut und glänzende Haare. Das Ananasenzym ist auch als Prophylaxe gegen Faltenbildung bekannt und hilft bei Bindegewebsschwäche.

● Äpfel
Tatsächlich ist Apfel nicht gleich Apfel. Mit jeder Sorte Apfel schmeckt ein Smoothie wieder anders. Schreiten Sie daher zum ultimativen Apfeltest: Gehen Sie auf einen Bauernmarkt oder in ein Biogeschäft und kaufen Sie von jeder Sorte, die Sie bekommen können, mindestens einen Apfel. Sie werden sehen: Hinter prominenten Namen wie Braeburn, Elstar, Jonagold, Morgenduft, Pink Lady, Red Delicious und Rubens verbergen sich nicht nur Vitaminbomben, sondern auch die unterschiedlichsten Aromen.

● Feigen
Die köstlichen Früchte bestehen zu etwa 80 Prozent aus Wasser, zu 1,3 Prozent aus Protein, zu 0,5 Prozent aus Fett, zu 12,9 Prozent aus Kohlenhydraten sowie zu etwa 4,5 Prozent aus Ballaststoffen und zu 0,7 Prozent aus Mineralien. Kein Wunder, dass das kalorienarme Obst – es enthält nur 63 Kilokalorien pro 100 Gramm Fruchtfleisch – so beliebt bei Fans der gesunden

Ernährung ist. Insbesondere Kalzium, Phosphor, Eisen und das nervenstärkende Vitamin B1 sind im Fruchtfleisch enthalten.

● Galgant

Frische Galgantwurzeln ähneln geschmacklich dem Ingwer, verfügen aber doch über ein ganz eigenes Aroma, das gleichzeitig leicht bitter, scharf und süß und zudem etwas zitronig schmeckt. Das Fruchtfleisch hat eine holzige, harte Struktur und muss wie Ingwer geschält, geraspelt oder klein geschnitten werden. Die Wurzel gilt als Energiespender und wird daher bei Müdigkeit und Antriebslosigkeit eingesetzt.

● Grapefruits

Ob Grapefruit, Pampelmuse oder Pomelo – eines haben diese drei miteinander verwandten Zitrusfrüchte gemeinsam: Sie kurbeln mit ihrem unterschiedlich bitteren Fruchtfleisch den Stoffwechsel ordentlich an. Dazu liefern sie nur zwischen 38 und 50 Kilokalorien pro 100 Gramm Fruchtfleisch, dafür aber Vitamine und Mineralien en masse: Vitamin C, A, B1, B2 und B6 sowie Magnesium, Kalium und Kalzium.

● Ingwer

Die Wurzel ist von unseren Märkten mittlerweile nicht mehr wegzudenken. Mit seinem ätherischen Öl und dem scharfen Gingerol liefert Ingwer nicht nur eine besondere Geschmackskomponente für Ihren Smoothie, er wirkt auch appetitanregend, verdauungsfördernd, entzündungshemmend und – Vorsicht! – blutdruckerhöhend.

● Papayas

Die Papaya gilt ebenso wie die Ananas als Fettkiller, denn das in der Frucht enthaltene Enzym Papain wirkt fettabbauend beziehungsweise kurbelt den Fettabbau an. Zudem enthalten Papayas mehr Vitamin C als etwa Kiwis, mehr Vitamin A als Möhren sowie sehr viel Magnesium und Spurenelemente. Um zu wissen, ob die Papaya reif ist, riechen Sie einfach an der Frucht. Duftet sie süßlich, dann ab damit in den Mixer.

● Petersilie

Das Doldenblütlerkraut ist eine wahre Energiebombe: 100 Gramm rohe Petersilie enthalten neben nur 50 Kilokalorien 81,9 Gramm Wasser, 4,4 Gramm Eiweiß, 7,3 Gramm verwertbare Kohlenhydrate, 4,3 Gramm Ballaststoffe, 33 Milligramm Natrium, 1000 Milligramm Kalium, 245 Milligramm Kalzium, 128 Milligramm Phosphor, 6 Milligramm Eisen, 41 Milligramm Magnesium sowie reichlich Vitamin A, C und Niacin. Petersilie wirkt entwässernd, hilft beim Abnehmen und verleiht dem Smoothie eine frische Note.

Schlank mit Power-Smoothies

Mit Smoothies kann man wunderbar leicht und gleichzeitig sehr gesund abnehmen. Damit die Diät den maßgeschneiderten Erfolg bringt und Sie Ihr persönliches Wohlfühlgewicht erreichen, finden Sie in diesem Kapitel zahlreiche Tipps und Informationen rund ums Thema Pfundeverlieren.

Den Körper auf gesunde
Art entlasten

Sie können Ihrem Körper etwas Gutes tun und ihm durch die nährstoffreichen Smoothies Entlastung von der normalen Ernährung bieten. Sinnvoll wäre es, zu Beginn eine Mahlzeit pro Tag durch einen Smoothie zu ersetzen und zu beobachten, wie es Ihnen damit geht. Fühlen Sie sich besser, kraftvoller und energiegeladener, können Sie Tage einplanen, an denen Sie zum Frühstück und zum Mittagessen Smoothies trinken und sich abends eine normale Mahlzeit zubereiten. Oder Sie können, wenn es Ihrem Tagesablauf eher entspricht, Mahlzeiten auch individuell durch Smoothies ersetzen.

Du bist, was du isst

Ein Satz, der alles sagt. Ähnlich wie die feinen Wurzeln der Pflanzen die Nährstoffe aus dem Erdreich aufnehmen und für das Wachstum der Pflanzen sorgen, so saugen die Darmzotten die von den Verdauungsorganen umgewandelten Nährstoffe aus dem Speisebrei und beliefern damit Blut, Zellen und Gewebe Ihres Körpers. Unser Körper nimmt uns leere Kalorien ohne gesundheitlich verwertbaren Nutzen – totgekochtes Gemüse, frittierte Lebensmittel, Fast Food und Chips – nicht immer sofort übel,

langfristig aber schon. Sogenannte Zivilisationskrankheiten wie Bluthochdruck, hohe Cholesterinwerte, Übergewicht und Stoffwechselstörungen sind bei dieser Art der Ernährung keine Seltenheit.

Es schadet dem Körper auch nicht, hin und wieder das Abendessen wegzulassen oder – noch besser – durch einen kalorienarmen Smoothie zu ersetzen. Dadurch sind Magen und Darm nachts weniger belastet, wir schlafen besser und fühlen uns am nächsten Morgen wohler. Es gibt unterschiedliche Meinungen darüber, ob man den Körper entschlacken kann. Fakt ist aber: Besonders nach Zeiten, in denen Sie reichhaltig gegessen haben – etwa an Feiertagen oder beim Besuch bei der Schwiegermutter –, entlasten Sie Darm und Herz-Kreislauf-System, wenn Sie bewusst Kalorien-Spartage einlegen. So können Sie beispielsweise statt Erdbeerkuchen einfach die frischen Erdbeeren genießen oder statt einer üppigen Mittags- oder Abendmahlzeit frisches Gemüse wie Kohlrabi oder Fenchel essen.

Bei einer Diät geht es prinzipiell darum, weniger zu essen, als der Körper an Kalorien verbraucht. Dann müssen die

Energiespeicher angegriffen werden, und in der Folge schwinden die Pfunde. Es ist allerdings immens wichtig, dass die wenigen Kalorien, die Sie in dieser Zeit zu sich nehmen, gesund sind, also nicht wertstoffarm. Pflanzliche Lebensmittel helfen Ihnen mit ihrem hohen Gehalt an bioaktiven und gesundheitsfördernden Pflanzenstoffen nicht nur beim Abnehmen, sie liefern Ihnen genau diese gesunden Kalorien und damit auch viel Energie, Frische und Elan.

Clever austauschen

Grundsätzlich sollten Sie immer die Inhaltsstoffe von Lebensmitteln auf den Verpackungen lesen. Was an erster Stelle steht, von dem ist am meisten enthalten. Lassen Sie all das im Regal, auf dem Fett und Zucker an erster und zweiter Stelle angegeben sind. Verwenden Sie Vollkornreis statt weißem Reis, Müsli mit Vollkornflocken statt Cornflakes, pflanzliche Öle statt tierischem Fett, Wasser statt überzuckerten Softgetränken. Knabbern Sie Sonnenblumenkerne, Nüsse und Trockenfrüchte statt Chips, ersetzen Sie den süßen Snack am Nachmittag durch frisches Obst, jede zweite Tasse Kaffee im Büro durch ein Glas Wasser, Mayonnaise durch Naturjoghurt und schwarze Oliven durch grüne. Wenn Sie in Zukunft etwas mehr darauf achten, was Sie einkaufen und

Die gesündere Snackalternative: Nüsse und Samen enthalten zahlreiche B-Vitamine und sind damit der optimale Energiespender für Gehirn und Nerven.

zu sich nehmen, werden Sie viele solche Beispiele finden, bei denen Sie schnell und einfach ein paar Kalorien einsparen können und sich dabei noch gesünder ernähren.

Was ist eigentlich Detox?

Das englische Wort »detoxification«, kurz Detox, heißt übersetzt Entgiftung. Was früher als Heilfasten bekannt war, wird heute trendig als Detoxen bezeichnet. Grundsätzlich tut es unserem Körper gut, vorübergehend oder besser noch generell auf Lebensmittel wie Süßigkeiten, Fertigmahlzeiten, Weißmehlerzeugnisse, aber auch Alkohol und Kaffee zu verzichten. Sie schenken Ihrem Körper damit eine Art Verschnaufpause, in der er sich von einem Zuviel an ungesunden Lebensmitteln erholen kann, die wir im Alltag leider nur allzu oft konsumieren.

Zwar ist unser Körper in der Lage, sich selbst zu entgiften, denn ein normaler, gesunder Körper regeneriert sich von selbst und scheidet auch belastende Stoffe wieder aus, die wir über Nahrungsmittel zu uns genommen haben. Aber natürlich können Sie Ihren Körper unterstützen, denn Gesundheit beginnt bereits mit der Auswahl der Lebensmittel: Unbelastete grüne Pflanzenkost und Früchte helfen beim Reinigungsprozess und der Regeneration, der Körper erholt sich und belohnt Sie mit neuer Energie und Kraft. Detoxen heißt deshalb eben auch, sich generell möglichst natürlich zu ernähren, um einer Übersäuerung vorzubeugen, sei es aus gesundheitlichen oder aus Gewichtsgründen.

Zum Thema Alkohol

Grundsätzlich verträgt sich eine Diät nicht mit dem Genuss von Alkohol. Ein Gramm Alkohol liefert etwa sieben Kilokalorien; im Vergleich dazu liefert ein Gramm Fett auch nur neun Kilokalorien. Zudem wirkt Alkohol extrem appetitanregend, was für die Disziplin in puncto Gesundheit und Abnehmen nicht gerade förderlich ist. Er hemmt den Fettstoffwechsel, weil er als Erstes abgebaut wird. Neben dem hohen Energiewert spielt beim Alkoholverzicht aber auch ein weiterer Aspekt eine Rolle: Eine Diät oder ein Detox-Programm dient nicht nur dem Abnehmen. Es geht auch darum, dem Körper eine Verschnaufpause zu gönnen von allen ungesunden beziehungsweise nicht besonders gesundheitsfördernden Lebensmitteln – und dazu zählt eben auch Alkohol.

Das Detox-
Wochenende

Nehmen Sie sich einmal Zeit für sich und verwöhnen Sie Körper und Seele mit einem Detox-Wochenende.

Viele werden sich schon oft ein Wochenende gewünscht haben, das sie selbst in den Fokus rückt. »Ich kümmere mich ausschließlich um mich« will heißen, nicht nur Abstand von den oft stressigen Zeiten zu bekommen, sondern auch Erholung für Geist, Seele und Körper. Lange schlafen, ausreichend Frischluft und Bewegung, Auszeit vom hektischen Alltag, Zeit für heiße Bäder oder Sauna, Kuren für Haut und Haar, Ruhe – und gesunde Ernährung, die wie Kosmetik von innen wirkt. Denn oftmals wollen wir einfach mal raus aus dem Hamsterrad und dabei gleich einige

unschöne Ernährungsfehler korrigieren, beispielsweise im Büro zig Tassen Kaffee zu trinken oder den Heißhunger mit Schokoriegeln zu bekämpfen. Gleichwohl in dem Wissen, dass der Unterzucker, in den wir gerade rauschen, durch vernünftiges gesundes Essen im Vorfeld hätte vermieden werden können. Hätte, sollte, würde – wir wissen es schon irgendwie, allein die Umsetzung ist nicht immer leicht. Bemerkbar machen sich derlei Ernährungsfehler etwa durch eine Übersäuerung im Körper. Leichte Kopfschmerzen, auch mal Sodbrennen, Probleme mit der

Alles muss raus!

Während der Detox-Reinigung von innen bietet es sich an, unterstützende Maßnahmen in Form von Saunagängen zu ergreifen. Dabei werden zwar nur minimal Kalorien verbrannt, aber reichlich Wasser und Salze ausgeschieden. Für eine weiche Haut können Sie beim zweiten oder dritten Saunagang auch Honig aus der Plastikdrückflasche mit in die Sauna nehmen. Der Honig verflüssigt sich, verliert die zuckrigen Kristalle, kann beim Schwitzen auf die Haut aufgetragen und mit Massagebewegungen gut einmassiert werden. Nach dem Duschen ist dann keine Körperlotion mehr nötig.

Verdauung, Magendrücken, Müdigkeit und eine schlechte Haut können Boten eines übersäuerten Körpers sein. Nicht zuletzt der kneifende Hosen- oder Rockbund, der nach einer Ankurbelung des Stoffwechsels ruft.

Für das Wochenende stehen nach individuellen Bedürfnissen verschiedene Rezepte für Frühstück, Mittag- und Abendessen zur Auswahl. Die Empfehlung lautet, pro Tag zwei Mahlzeiten durch je einen Smoothie zu ersetzen. Je nachdem, welcher Diät- beziehungsweise Esstyp Sie sind, obliegt es Ihnen, welche beiden Mahlzeiten Sie austauschen möchten. Dasselbe gilt für die Auswahl der Smoothie-Rezepte: Auch diese sind lediglich Empfehlungen und können durchaus durch andere Rezepte aus dem Rezeptteil (siehe S. 44ff.) ausgetauscht werden.

Umstellung zur richtigen Einstellung

Die Vorsätze können oftmals gar nicht so schnell umgesetzt werden, wie uns die Euphorie antreibt. Ebenso kann aber der Antrieb bei zu langsamen Ergebnissen wieder abflauen. Deshalb ist es wichtig, sich Ziele zu setzen, die mach- und umsetzbar sind. Jagen Sie keinem Wunschtraum nach, sondern steuern Sie ein realistisches Abnehm- und Wohlfühlgewicht an. Dafür bietet es sich an, ein Ernährungstagebuch zu führen, denn vielfach vergessen wir schlichtweg, was wir so nebenbei noch naschen, welche Getränke wie etwa Cappuccino wir hinsichtlich der Kalorien unterschätzen und dass wir beispielsweise Olivenöl – 100 Milliliter liefern 884 Kilokalorien – nicht als Fett sehen. Notieren

Sie mindestens eine Woche lang, was Sie so alles essen und trinken. Möglicherweise können Sie dadurch in Zukunft einige Korrekturen in puncto persönliche Ernährung vornehmen.

Somatische Intelligenz

Wir fühlen es im Körper, wenn wir das Falsche und/oder zu viel von allem gegessen haben. Unser Körper – griechisch: »soma« – ist mit einer fühlbaren Intelligenz ausgestattet, die signalisiert: Stopp, das vertrage ich nicht. Wenn wir darauf nicht reagieren, sind Bauchschmerzen, Blähungen, ein allgemeines Unwohlsein und ein Völlegefühl die Folge. Vielfach ist diese somatische Intelligenz allerdings verloren gegangen,

obwohl sich irgendwo im Hinterkopf die Vernunft regt und die Einsicht lauert. Warum nehmen wir in Kauf, dass falsche Ernährung uns krank und übergewichtig macht?

Bei der Antwort auf diese Frage ist »Achtsamkeit« das Schlüsselwort: Was macht die Nahrung mit mir? Warum nehme ich die Signale meines Körpers nicht ernst oder schon gar nicht mehr wahr? Wie kann ich meinen Körper gut ernähren und dadurch vitaler und fitter werden? Bei den Abnehm-Smoothies wird der Erfolg mit allen Sinnen spürbar, denn die hohe Nährstoffdichte der lebendigen Nahrung garantiert viele Vitalstoffe und dabei wenig Kalorien. Sie werden sich wieder rundum wohlfühlen mit einer spürbaren Lebendigkeit in Körper und Geist.

Detox plus Bewegung
Lange Spaziergänge, möglichst im Wald und in der freien Natur, aber auch Joggingrunden, Gymnastik auf Trimm-dich-Pfaden oder Gesundheits-Parcours unterstützen ein gesundes Leben und helfen beim Abnehmen. Die Möglichkeiten sind vielfältig, ebenso wie die individuellen Vorlieben: Was dem einen das Schwimmen und Radfahren, ist der Tangokurs, das Fitness-studio oder Yoga für andere. Es kommt auf die Regelmäßigkeit an: Bewegen Sie sich mindestens zweimal pro Woche und seien Sie vor allem mit Spaß bei der Sache. Denn nur so kann Kontinuität entstehen und ein gesundes Leben fördern.

Tag 1

›Smoothie-Frühstück
Detox-Smoothie-Wasser (Rezept siehe S. 55)

›Smoothie-Mittagessen
Mango-Spinat mit Ingwer (Rezept siehe S. 63)

›Abendessen
Zur Auswahl mit Fleisch, Fisch oder vegan

Bulgursalat mit scharfen Hähnchenbissen

Für 1 Portion
100 g fein geschroteter Bulgur, 4–5 Stängel Petersilie, 2 kleine Tomaten, Saft von ¼ Zitrone, 2 EL Olivenöl, Salz, schwarzer Pfeffer aus der Mühle, 150 g Hähnchenbrustfilet, 1 Prise Cayennepfeffer

Zubereitungszeit
30 Minuten

1 Bulgur in eine Schüssel geben und mit knapp 200 Milliliter kochend heißem Wasser übergießen. Mit einem Küchentuch abdecken und etwa 5 Minuten ziehen lassen. Zwischendurch ein- bis zweimal umrühren.

2 Petersilie waschen und trockenschütteln. Die Blättchen abzupfen und fein hacken. Tomaten waschen, vierteln, vom Stielansatz befreien, entkernen und in Würfel schneiden. Zitronensaft mit 1 Esslöffel Olivenöl, Petersilie und Tomaten unter den Bulgur mengen. Mit Salz und Pfeffer würzen.

3 Hähnchenbrustfilet waschen, trockentupfen, in mundgerechte Stücke schneiden und in dem restlichen Olivenöl von allen Seiten einige Minuten braten. Den Bulgursalat auf einem großen Teller verteilen. Die Hähnchenbissen mit Cayennepfeffer würzen und auf dem Salat anrichten.

Vollkornspaghetti mit Lachs

Für 1 Portion
**150 g Lachsfilet, Saft von ¼ Zitrone,
Salz, schwarzer Pfeffer aus der Mühle,
100 g Vollkornspaghetti, 4–5 Stängel Basilikum,
1 EL Olivenöl**

Zubereitungszeit
30 Minuten

1 Lachsfilet waschen, trockentupfen und in gleich große mundgerechte Stücke schneiden. Mit Zitronensaft beträufeln und mit Salz und Pfeffer würzen.

2 Vollkornspaghetti in kochendes Salzwasser geben und nach Packungsanweisung bissfest garen. In der Zwischenzeit Basilikum waschen und trockenschütteln, die Blätter abzupfen und in Streifen schneiden.

3 Das Olivenöl in einer Pfanne erhitzen und die Lachsstücke darin von allen Seiten braten. Die fertig gegarten Spaghetti tropfnass aus dem Kochtopf in die Pfanne geben und alles vorsichtig miteinander vermengen. Mit Salz und Pfeffer abschmecken und kurz vor dem Servieren die Basilikumstreifen unterziehen.

Reisnudeln mit Austernpilzen und Cashewkernen

Für 1 Portion
**100 g asiatische Reisnudeln, 150 g Austernpilze,
1 Knoblauchzehe, 2 EL ungesalzene Cashewkerne, 1 EL Weizenkeimöl, 1 TL helle Sojasauce,
schwarzer Pfeffer aus der Mühle**

Zubereitungszeit
20 Minuten

1 Reisnudeln in eine Schüssel geben und mit so viel heißem Wasser übergießen, dass die Nudeln bedeckt sind. 8 bis 10 Minuten quellen lassen. In der Zwischenzeit die Austernpilze putzen und kleiner schneiden. Knoblauch abziehen und fein würfeln. Cashewkerne hacken.

2 Die Reisnudeln abgießen, mit kaltem Wasser abschrecken und gründlich abtropfen lassen. Das Pflanzenöl in einer größeren Pfanne oder in einem Wok erhitzen und den Knoblauch darin andünsten. Die Austernpilze dazugeben und einige Minuten braten. Reisnudeln und Sojasauce einschwenken. Mit Pfeffer würzen, nochmals abschmecken und mit den gehackten Cashewkernen bestreuen.

Tag 2

›Frühstück

Zur Auswahl stehen Rührei, eine Tofupfanne und eine Misosuppe.

›Smoothie-Mittagessen

Papaya-Orange mit Weizengras (Rezept siehe S. 53)

›Smoothie-Abendessen

Apfel-Gurke mit Kreuzkümmel (Rezept siehe S. 69)

Heute können Sie zwischen drei Frühstücksrezepten wählen und zum Mittag- und Abendessen je einen Smoothie trinken.

Rührei mit Kräutern und Tomaten

Für 1 Portion
2 kleine Tomaten à ca. 100 g, 2 Eier,
1 TL Pflanzenöl, 1 TL fein gehackte Kräuter
(z.B. Petersilie, Schnittlauch oder gemischte
Kräuter), Salz, schwarzer Pfeffer aus der Mühle

Zubereitungszeit
20 Minuten

1 Tomaten waschen, vierteln, vom Stielansatz befreien, entkernen und klein würfeln. Die Eier mit einem Schuss Wasser verquirlen.

2 Das Pflanzenöl in einer Pfanne erhitzen und die Tomatenwürfel 1 Minute darin andünsten. Die verquirlten Eier dazugießen, durch Schwenken in der ganzen Pfanne verteilen und kurz anbraten lassen. Mit Kräutern bestreuen und mit Salz und Pfeffer würzen.

3 Die Eier mit einem Holzlöffel verrühren und je nach gewünschtem Garzustand saftig oder gut durchgebraten aus der Pfanne nehmen.

Tofupfanne mit Frühlingszwiebeln

Für 1 Portion
2 Frühlingszwiebeln, 250 g Naturtofu, 1 TL vegane Margarine oder Rapsöl, Meersalz, schwarzer Pfeffer aus der Mühle, 1 kräftige Prise Kurkuma

Zubereitungszeit
20 Minuten

1 Frühlingszwiebeln waschen, putzen – dabei das dunkle Grün entfernen – und in kleine Würfel schneiden. Den Tofu in kleinere Stücke schneiden.

2 Die Margarine oder das Öl in einer Pfanne erhitzen und die Frühlingszwiebeln darin andünsten. Tofu unterrühren, alles 1 bis 2 Minuten weiterbraten und dabei den Pfanneninhalt mit Meersalz, Pfeffer und Kurkuma würzen. Je nach gewünschter weicher oder festerer Konsistenz kurz oder länger braten.

Misosuppe mit Gemüse

Für 1 Portion
1 Knoblauchzehe, 1 Schalotte, etwas frischer Ingwer, 50 g frische Shiitakepilze, 100 g Brokkoli, 1 TL Pflanzenöl, 1 EL Tamari (Sojasauce), 1 TL Sesamöl, 2 EL helle Misopaste, 1 EL gehackter Koriander

Zubereitungszeit
30 Minuten

1 Knoblauch und Schalotte abziehen, Ingwer schälen. Alles fein würfeln. Pilze putzen und klein schneiden. Brokkoli waschen und in kleine Röschen zerteilen.

2 Das Pflanzenöl in einem Topf erhitzen und Knoblauch-, Schalotten- sowie Ingwerwürfel 1 bis 2 Minuten darin andünsten. Mit ½ Liter Wasser aufgießen und aufkochen lassen. Die Hitze reduzieren und Pilze, Brokkoli, Tamari sowie Sesamöl einrühren. Die Suppe zugedeckt bei kleiner Hitze 10 bis 12 Minuten leise ziehen lassen.

3 Die Misopaste mit einer Kelle Suppe verrühren und anschließend in die Suppe geben. Nun nicht mehr kochen, sondern nur noch 1 bis 2 Minuten ziehen lassen. Zum Servieren mit Koriander garnieren.

Die 2-Kilo-
weg-Diät

Samstag und Sonntag haben sich so gut angefühlt, dass noch weitere drei Diättage folgen können, an denen Sie insgesamt zwei bis drei Kilo abnehmen. Der Körper hat sich am arbeitsfreien Detox-Wochenende an die Umstellung gewöhnt, und so ist es nun kein Problem, die Smoothie-Diät an den Arbeitstagen fortzusetzen.

Je nachdem, wie Ihr Arbeitstag aussieht, kann es für Sie besser umzusetzen sein, je einen Smoothie morgens und abends zu trinken oder morgens den ersten Smoothie zu genießen und den zweiten im To-go-Becher für mittags mitzunehmen. Die Smoothie-Rezepte, die für die folgenden (Arbeits-)-Tage angegeben sind, können je nach Bedarf auch ersetzt werden. Dazu verdoppeln Sie

beispielsweise das morgendliche Smoothie-Rezept einfach und füllen die Hälfte davon in den To-go-Becher für den Arbeitsplatz. Oder Sie mixen morgens den empfohlenen Smoothie, essen mittags in der Kantine einen Salat mit wenig Olivenöl und Essig oder nehmen sich ein Gericht nach einem Rezept aus diesem Buch mit und mixen sich abends zu Hause den zweiten empfohlenen Smoothie frisch.

Einen Smoothie an den Arbeitsplatz mitzunehmen hat klare Vorteile. Oft ist man nach dem Kantinenmittagessen so müde, dass es einen nach einer Couch verlangt. Wer stattdessen einen mitgebrachten und im Kühlschrank aufbewahrten Smoothie verzehrt, fühlt sich energiegeladen und erfrischt.

Wie lange kann ich die Smoothie-Diät fortsetzen?
Grundsätzlich ist es sogar empfehlenswert, jeden Tag einen Smoothie zu trinken. Vorausgesetzt, der Smoothie ersetzt eine Mahlzeit, egal ob Frühstück, Mittag- oder Abendessen. Dieser tägliche Smoothie gibt dem Körper viel frische lebendige Pflanzenkost mit Vitalstoffen. Bei den anderen Mahlzeiten wird eine abwechslungsreiche Ernährung großgeschrieben, damit der Organismus mit allen Nährstoffen versorgt ist.

Tag 3

›Smoothie-Frühstück

Rucola mit Banane (Rezept siehe S. 61)

›Smoothie-Mittagessen

Mandarinen mit Trockenfeigen (Rezept siehe S. 108)

›Abendessen

Gemüse-Sushi

Gemüse-Sushi

Für 12 Stück
150 g japanischer Sushi-Reis, 1 EL Reisessig,
1 TL Zucker, 1 kräftige Prise Salz, 2 Noriblätter,
Wasabipaste zum Bestreichen, 2 Frühlings-
möhren, 1 reife Avocado (z. B. Sorte Hass), 1 TL
geröstete Sesamsamen

Zubereitungszeit
35 Minuten

1 Reis in ein Sieb geben, kalt abspülen und
abtropfen lassen. Mit ¼ Liter kaltem Wasser
in einem Topf aufkochen. Etwa 2 Minuten
kochen lassen, dann die Hitze stark reduzieren. Den Reis zugedeckt 10 Minuten aus-
quellen lassen. Anschließend den Topf vom
Herd nehmen und den Reis abkühlen lassen.

2 Reisessig mit Zucker und Salz unter
Rühren aufkochen, abkühlen lassen und mit
dem Reis vermengen. 1 Noriblatt auf die
Rollmatte legen, mit etwas Wasabipaste
hauchdünn bestreichen und den Reis etwa
½ Zentimeter hoch daraufschichten. Dabei
1 Zentimeter Rand frei lassen.

3 Möhren putzen, waschen und in dünne
längliche Stifte schneiden. Die Avocado
halbieren, den Kern entfernen, das Fruchtfleisch herauslöffeln und in Streifen schneiden. Mit den Möhren portionsweise auf
den Reis geben. Mit Sesam bestreuen. Die
Matte leicht anheben und das Noriblatt fest
aufrollen. Die Ränder der Sushi-Rolle glatt
schneiden und die Rolle in 6 Stücke schneiden. Mit dem zweiten Noriblatt ebenso
verfahren.

Tag 4

›Smoothie-Frühstück

Brokkoli-Birne mit Zitrone (Rezept siehe S. 73)

›Smoothie-Mittagessen

Beerenmix mit Möhre (Rezept siehe S. 66)

›Abendessen

Minipaprika mit Auberginenmus

Minipaprika mit Auberginenmus

Für 10 Minipaprika
1 Aubergine (ca. 250 g), 50 g getrocknete, in Olivenöl eingelegte Tomaten, 1 kleines Bund Basilikum, 200 g bunte Minipaprika »Paprika sweet«, Salz, schwarzer Pfeffer aus der Mühle

Zubereitungszeit
30 Minuten

1 Den Backofen auf 200 °C (Umluft 180 °C, Gas Stufe 3–4) vorheizen. Die Aubergine waschen und rundherum mit einer Gabel einstechen. Auf ein Backblech legen und etwa 20 Minuten im Ofen garen, bis die Haut Blasen wirft und dunkler wird.

2 Tomaten etwas abtropfen lassen und klein würfeln. Basilikum waschen und trockenschütteln. Die Blätter abzupfen und in Streifen schneiden. Minipaprika waschen, die Deckel abschneiden und die Schoten vorsichtig entkernen. Von den Deckeln die Stielansätze herausschneiden.

3 Die gegarte Aubergine aus dem Backofen nehmen, kurz abkühlen lassen, halbieren, das Fruchtfleisch auskratzen und mit einem Stabmixer grob bis fein, je nach gewünschter Konsistenz, pürieren. Tomatenwürfel sowie Basilikumstreifen unterrühren und alles mit Salz und Pfeffer würzen.

4 Die Minipaprika mit dem Auberginenmus füllen und die Paprikadeckel aufsetzen.

Tag

5

›Smoothie-Frühstück
Orangen-Fenchel mit Ingwer (Rezept siehe S. 105)

›Smoothie-Mittagessen
Radicchio mit Trauben (Rezept siehe S. 92)

›Abendessen
Grüne Oliven auf Hummus

Grüne Oliven auf Hummus

Für 1 Portion
200 g Kichererbsen aus der Dose, 1 Knoblauchzehe, 3–4 Stängel Petersilie, Saft von ¼ Zitrone,
1 EL Olivenöl, Meersalz, schwarzer Pfeffer aus
der Mühle, Cayennepfeffer, 100 g grüne Oliven,
1 Scheibe Vollkorntoast

Zubereitungszeit
20 Minuten

1 Kichererbsen in ein Sieb geben und
abtropfen lassen. Knoblauch abziehen und
klein schneiden. Petersilie waschen und trockenschütteln. Die Blättchen abzupfen und
fein hacken.

2 Kichererbsen mit Knoblauch, Zitronensaft
und Olivenöl mit dem Stabmixer fein pürieren. Das Kichererbsenmus kräftig mit Salz,
Pfeffer und Cayennepfeffer würzen. Zuletzt
die Petersilie unterrühren und alles nochmals
abschmecken.

3 Die Oliven bei Bedarf entsteinen. Die Brot-
scheibe toasten und in dicke Streifen schneiden. Hummus breitflächig auf dem Teller
verteilen, mit Oliven belegen und die Brot-
streifen dazulegen.

Tipp • Das Kichererbsenmus nach Belieben mit 1 Esslöffel Tahini, einer Paste aus
fein gemahlenen Sesamsamen, würzen.

Lebenselixiere –
gesunde Vitamine

Folgende Vitamine stecken in den Obst- und Gemüsesorten, aus denen Smoothies gemixt werden.

Fettlösliche Vitamine

Diese Vitamine werden in unserem Organismus gespeichert:

● Vitamin A (Retinol)

Dies wird auch als Augenvitamin bezeichnet. Es ist jedoch nicht nur gut für die Augen, es sorgt zudem für ein normales Knochenwachstum, gesunde Haut, gesunde Schleimhäute und festes Zahnfleisch. Besonders viel Vitamin A enthalten Möhren, Aprikosen, Grünkohl, Spinat, Mangold und Kürbis.

Buntes Obst und Gemüse: der Farbkasten der Natur!

● Vitamin D

Dieses Vitamin ist auch als Sonnenhormon und Knochenvitamin bekannt. Es hilft dem Körper, Kalzium und Phosphor zu verwerten. Tatsächlich werden mehr als 80 Prozent des Vitamin-D-Bedarfs mithilfe von UVB-reichem Licht durch den Körper selbst über die Haut erzeugt und nur 20 Prozent über die Nahrung aufgenommen. Tipp: Um die Vitamin-D-Produktion anzukurbeln, sollten Sie sich jeden Tag zehn Minuten in die Sonne setzen und einen Smoothie mit beispielsweise Vitamin-D-Träger Avocado trinken.

● Vitamin E (Tocopherol)

Das Schönheitsvitamin ist vor allem als Radikalefänger bekannt, das heißt, es schützt die Zellen vor der Zerstörung durch Oxidation. Grünkohl, Brennnessel und Weizenkeimöl zeichnen sich durch einen besonders hohen Gehalt an Vitamin E aus.

● Vitamin K

Dieses Vitamin wird für die Verwertung von Eiweiß und die einwandfreie Funktion des Nervensystems benötigt. Besonders Portulak, Grünkohl, Spinat, Brunnenkresse, Tomaten und Kohl liefern das wertvolle Nervenvitamin.

Grünes Licht für Gesundheit und Fitness.

Wasserlösliche Vitamine

Diese Vitamine kann unser Organismus nicht speichern, sie müssen in kürzeren Abständen wieder ersetzt werden:

• Vitamin B1 (Thiamin)
Dieses Vitamin ist wichtig für die Funktionsfähigkeit des Nervensystems. Löwenzahn, Erbsen und Weizenkeime enthalten Thiamin.

• Vitamin B2 (Riboflavin)
Das Wachstumsvitamin ist für die Verwertung von Kohlenhydraten, Eiweiß und Fetten zuständig. Viel Vitamin B2 ist in Spinat, Brokkoli und Spargel enthalten.

• Vitamin B6
Dieses Vitamin ist im Wesentlichen für die Verwertung von Eiweiß und die einwandfreie Funktion des Nervensystems zuständig. Es kommt in Avocados, Bananen, Brokkoli, Feldsalat, Kohl und Weizenkeimen vor.

• Vitamin B12
Vitamin B12 ist wichtig für die Zellteilung, für die Blutbildung sowie für das Nervensystem. Es ist in fast allen tierischen Produkten enthalten, allerdings kaum in der Pflanzenküche. Veganer nehmen daher meist mit Chlorella, AFA und Spirulina – Süßwasseralgen im Mikroformat – Vitamin B12 als Nahrungsergänzung auf.

• Vitamin C
Der Alleskönner spielt für unseren Körper eine große Rolle. Bei Mangelerscheinungen können unter anderem eine erhöhte Infektanfälligkeit, rasche Ermüdung und eine verzögerte Wundheilung auftreten. Viel Vitamin C ist in Erdbeeren, Kiwis, Zitrusfrüchten, Petersilie, Johannisbeeren und Paprikaschoten enthalten.

• Folsäure
Folsäure, auch Vitamin B9 genannt, ist für die Zellteilung und Zellneubildung zuständig. Sie kann nur durch die Nahrung aufgenommen werden und ist speziell in Blattgemüse, Tomaten und Kohl vorhanden.

• Pantothensäure
Pantothensäure, auch als Vitamin B5 bekannt, ist für den Stoffwechsel wichtig und speziell in Vollkornprodukten, Melonen, Erbsen und Blumenkohl enthalten.

Frühlingsgefühle

Ananas, Äpfel, Avocados, Bananen, Birnen, Erbsen, Erdbeeren, Himbeeren, Kakis, Kiwis, Kopfsalat, Minze, Möhren, Orangen, Papayas, Petersilie, Pfirsiche, Physalis, Radieschen, Rucola, Salatgurken, Spinat, Wildkräuter, Zitronen

Endivie
mit **Avocado**

• Cremig • mit Kräuteraroma
• Vitamin-C-Kick

Für etwa 500 ml

5 Blätter Endiviensalat

3 – 4 Stängel Petersilie

2 Bioblutorangen,

z. B. Sorte Moro

1 Avocado, z. B. Sorte Hass

3 – 4 Eiswürfel

Zum Garnieren

bunter Pfeffer aus der Mühle

Zubereitungszeit

15 Minuten

1 Salatblätter waschen, trockenschütteln und grob zerkleinern. Petersilie waschen und trockenschütteln. Die Blättchen von den Stängeln zupfen. 1 Blutorange waschen und trockenreiben. Etwa ¼ der Schale fein abreiben. Beide Orangen halbieren und auspressen. Avocado halbieren, den Kern entfernen. Das Fruchtfleisch herauslöffeln und grob zerkleinern.

2 Salat, Petersilie, Blutorangensaft und Avocado mit den Eiswürfeln in den Mixer geben. Langsam starten, kräftig aufmixen und schließlich auf Höchststufe alles cremig pürieren. In Gläser füllen und mit der abgeriebenen Orangenschale sowie dem Pfeffer garniert servieren.

Tipp • Blattgemüse wie Endiviensalat sind für Smoothies bestens geeignet, weil sie Vitalstoffe wie Vitamine, Mineralien, Enzyme, Spurenelemente, Aminosäuren und Antioxidanzien enthalten. Zudem gilt: Je satter das Grün, desto mehr Chlorophyll ist im Blatt gespeichert.

Erbsen-Minze mit Gänseblümchen

- Minzfrisch • wohltuend sämig
  • aromatisch süß

Für etwa 500 ml

8 – 10 Blätter Minze
2 saftig süße Birnen
1 kleine Banane
150 g grüne Erbsen (TK)

Zum Garnieren
4 Biogänseblümchen

Zubereitungszeit
10 Minuten

1 Minzeblätter waschen, trockentupfen und klein zupfen. Birnen waschen und halbieren. Die Stiele entfernen und die Birnen mit Schale und Kerngehäuse klein schneiden. Banane schälen und in Scheiben schneiden.

2 Minze, Birnenstücke, Bananenscheiben und gefrorene Erbsen mit 100 Milliliter Wasser in den Mixer geben. Langsam starten, kräftig aufmixen und je nach gewünschter Konsistenz pürieren. Die Gänseblümchen zum Garnieren vorsichtig waschen und trockentupfen. Den Smoothie in Gläser füllen und mit den Gänseblümchen garniert servieren.

Tipps • Auch das Auge isst beziehungsweise trinkt mit. Bei der essbaren Dekoration darauf achten, dass die Blümchen aus einer unbelasteten Umgebung stammen, also nicht von Düngemitteln oder Pestiziden belastet sind. Am besten eignen sich natürlich Gänseblümchen frisch gepflückt aus dem eigenen Garten. • Zwischen März und November blühen Gänseblümchen überall wild. Im Juni sind sie am kräftigsten und enthalten das Maximum an Saponinen, Flavonoiden, Gerbstoffen und ätherischen Ölen. Diese Kombination hilft bei Verdauungsbeschwerden, insbesondere bei Darmträgheit.

Himbeeren
mit Kopfsalat

- Extravagant • beerig
  - erfrischend

Für etwa 500 ml

150 g Himbeeren
100 g Erdbeeren
3 – 4 Blätter Kopfsalat

Zum Garnieren
2 frische
Kapuzinerkresseblüten

Zubereitungszeit
10 Minuten

1 Himbeeren und Erdbeeren verlesen beziehungsweise putzen, waschen und trockentupfen. Kopfsalat
waschen, trockenschütteln und in Streifen schneiden.

2 Himbeeren, Erdbeeren und Kopfsalatstreifen mit
150 Milliliter Wasser in den Mixer geben. Langsam
starten, kräftig aufmixen und je nach gewünschter
Konsistenz pürieren. Die Kapuzinerkresseblüten zum
Garnieren waschen und vorsichtig trockentupfen. Den
Smoothie in Gläser füllen und mit den Kapuzinerkresseblüten garniert servieren.

Tipps • Viele Blumen und Blüten, so auch die Kapuzinerkresseblüten, sind essbar.
Sie schmecken würzig und haben einen leicht scharfen Nachgeschmack. Mittlerweile haben Gourmets auch die Blüten der Chrysantheme und der Ringelblume für
sich entdeckt – nicht nur für die Dekoration, sondern auch aufgrund ihrer kulinarisch
raffinierten Aromen sowie aufgrund des positiven gesundheitlichen Einflusses ihrer
Inhaltsstoffe. • Es ist wichtig, essbare Blumen und Blüten in einem Biofachgeschäft
zu kaufen. Die Auswahl ist je nach Saison enorm, unter anderem sind auch Dahlien,
Glockenblumen, Kornblumen und Gladiolen erhältlich.

Pfirsich-Kaki
mit Waldmeister

• Fruchtig • cremig
• köstlich

1 Pfirsich waschen, halbieren und den Kern entfernen. Die Kaki oder Sharonfrucht waschen, die Kelchblätter entfernen, die Frucht klein schneiden. Banane schälen und in Scheiben schneiden. Alles auf einen Teller geben und für etwa 30 Minuten in das Gefrierfach stellen.

2 Waldmeister waschen und trockenschütteln. Die Blätter abzupfen. Mit den angefrorenen Früchten und den Eiswürfeln in den Mixer geben. Nach Belieben noch etwas Wasser dazugießen. Langsam starten, kräftig aufmixen und anschließend alles auf Höchststufe cremig pürieren. In Gläser füllen und genießen.

Für etwa 500 ml
1 großer, saftiger Pfirsich
1 Kaki oder Sharonfrucht
1 Banane
2 Stiele Waldmeister
6 – 8 Eiswürfel

Zubereitungszeit
15 Minuten + 30 Minuten
Anfrierzeit

Tipp • Der spezielle Geschmack von Waldmeister ist sehr intensiv, deshalb sollten Sie nicht mehr als einige wenige frische Blättchen verwenden. Das im Mai blühende Kraut ist für seinen hohen Vitamin-C-Gehalt bekannt, sollte aber auch deshalb nicht in größeren Mengen verzehrt werden, weil es Cumarin enthält, das Kopfschmerzen auslösen kann.

Grüne Ananas

- Süß-säuerlich • Vitaminbombe
- »Schönheits-Smoothie«

Für etwa 500 ml
½ Babyananas
50 g Spinatblätter
1 grüner Apfel,
z. B. Granny Smith
etwa 150 ml
Multivitaminsaft

Zum Garnieren
2 Holzspieße

Zubereitungszeit
15 Minuten

1 Babyananas schälen, vom Strunk befreien und in kleine Stücke schneiden. 4 Stücke zum Garnieren beiseitelegen. Spinatblätter gründlich waschen und trockenschütteln. Apfel waschen, halbieren und entstielen. Das Fruchtfleisch mit Schale und Kerngehäuse grob zerkleinern.

2 Ananasstücke, Spinatblätter und Apfelstücke mit Multivitaminsaft in den Mixer geben. Langsam starten, aufmixen und je nach gewünschter Konsistenz fein pürieren. In Gläser füllen. Je 2 der beiseitegelegten Ananasstücke auf einen Holzspieß stecken und die Smoothies damit garnieren.

Varianten • Der Multivitaminsaft gleicht die Fruchtsäure von Ananas und Apfel aus und macht den Smoothie geschmacklich harmonischer. Wer es gern etwas säuerlicher mag, kann statt Multivitaminsaft Wasser nehmen oder mischt das Wasser zur Hälfte mit Kokoswasser. • Statt der Spinatblätter können Sie auch würzigen Portulak oder eine Wildkräutermischung mit Giersch verwenden. Giersch, auch Geißfuß genannt, wächst von März bis September als meterhoch werdende Doldenpflanze auf Feldern, in schattigen Wäldern oder als »lästiges Unkraut« in Gärten. Die jungen Blätter werden als Würzkraut für Salate, Suppen und Gemüsegerichte verwendet. Für Smoothies eignet sich Giersch auch wegen seines hohen Gehalts an Eiweiß.

Frühlingsgefühle

Papaya-Orange
mit Weizengras

- Kraftvoll - cremig
  - fruchtig

Für etwa 500 ml

1 kleine Papaya, ca. 250 g
1 große Orange
1 kleine Banane
1 TL Weizengraspulver

Nach Belieben
2 Eiswürfel

Zum Garnieren
2 lange Holzspieße

Zubereitungszeit
15 Minuten

1 Papaya schälen, längs halbieren, entkernen und klein schneiden. Einige Stücke zum Garnieren beiseitelegen. Die Orange so schälen, dass auch die weiße Haut sowie die Kerne entfernt werden. Das Fruchtfleisch klein schneiden. Banane schälen und in Scheiben schneiden.

2 Papaya, Orange und Banane mit 100 bis 150 Milliliter Wasser sowie Weizengraspulver und nach Belieben den Eiswürfeln in den Mixer geben. Langsam starten und anschließend auf Höchststufe cremig pürieren. Die beiseitegelegten Papayastücke auf die Holzspieße stecken. Den Smoothie in Gläser füllen und mit den Papayaspießen garniert servieren.

Tipps • Orangen und Mandarinen werden für einen Smoothie meist gepresst und als Saft hinzugefügt, da zu viele Kerne und harte, zähe Häute den Smoothie zu bitter machen. • Weizengraspulver wird normalerweise nach Packungsanweisung mit Wasser angerührt. Bei diesem Rezept erfolgt dies beim Pürieren im Mixer. Sie können auch fertigen Weizengrassaft verwenden. • Die schwarzen kleinen, leicht pfeffrig schmeckenden Kerne der Papaya enthalten sehr viel Papain. Das eiweißspaltende Enzym Papain kurbelt die Verdauung an und hilft so beim Abnehmen. Mixen Sie jedoch nur etwa 1 Esslöffel der Kerne mit, da sie eine abführende Wirkung haben.

Erdbeer-Kiwi
mit Grün

- Fruchtig • süß-säuerlich
- supergesund

1 Erdbeeren putzen, waschen und je nach Größe etwas kleiner schneiden. Kiwis schälen und in kleine Stücke schneiden. 4 Kiwistücke zum Garnieren beiseitelegen. Radieschengrün gründlich waschen und klein zupfen oder schneiden.

2 Erdbeeren, Kiwis und Radieschengrün mit 150 Milliliter Wasser in den Mixer geben. Nach Belieben die Eiswürfel hinzufügen. Langsam starten und anschließend auf Höchststufe cremig pürieren. Je 2 der beiseitegelegten Kiwistücke auf die Holzspieße stecken. Den Smoothie in Gläser füllen und mit den Kiwispießen garniert servieren.

Für etwa 500 ml
200 g süße Erdbeeren
2 kleine gelbe Kiwis
etwa 30 g Radieschengrün

Nach Belieben
2–3 Eiswürfel

Zum Garnieren
2 lange Holzspieße

Zubereitungszeit
15 Minuten

Tipps • Statt in den Abfalleimer wandert Radieschengrün vom Bund nun in den Mixer für den Smoothie. Die Blätter wirken harntreibend, ähnlich wie die Blätter der Brennnessel. Zudem enthält Radieschengrün viel Kalzium und Phosphor. Der Geschmack ist frisch-säuerlich und ergibt in Kombination mit den süßen Erdbeeren ein wunderbares Aroma. • Im Unterschied zur grünen, leicht säuerlich schmeckenden Kiwi erinnert die gelbe Kiwi geschmacklich an Mango, Honigmelone und Pfirsich. Zudem ist die Schale der gelben Kiwi essbar – ebenfalls im Unterschied zu ihrer »haarigen« grünen Schwester. Wenn Sie sie ungeschält in den Mixer geben, wird der süße Fruchtfleischgeschmack etwas abgemildert.

Detox-Smoothie-Wasser

• **Dünnflüssig** • **erfrischend**
  • **zur Entgiftung**

Für etwa 500 ml

250 g Biosalatgurke
¼ Bund Biopetersilie
2 cm frische
Bioingwerwurzel
Saft von 1 Biozitrone
250 ml Mineralwasser

Zubereitungszeit
10 Minuten

1 Salatgurke waschen und klein schneiden. Petersilie waschen und trockenschütteln. Die Blätter von den Stängeln zupfen. Ingwer schälen und klein schneiden.

2 Gurke, Petersilie, Ingwer und Zitronensaft mit Mineralwasser in den Mixer geben. Langsam starten, kräftig aufmixen und anschließend auf Höchststufe pürieren. In Gläser füllen und genießen.

Tipps • Detox-Wasser ist in aller Munde. Dazu werden frisches Gemüse, Früchte, Kräuter und Wurzeln, je nach gewünschter Kombination, mit Wasser aufgegossen. Verwenden Sie dafür entweder einfaches Leitungswasser oder natriumarmes Mineralwasser. • Die Inhaltsstoffe der Zutaten geben dem Wasser Geschmack – und schenken Ihnen Gesundheit. Voraussetzung dafür ist Bioware. • Beim Detox-Wasser wird nur das Wasser getrunken, die Zutaten bleiben im Gefäß. Beim Detox-Smoothie-Wasser wird alles gemixt und als dünnflüssiger Smoothie genossen.

Exotic Fruit
mit Hanfsamen

• Cremig • fruchtig
• süß

Für etwa 500 ml

250 g süße Ananas
1 Banane
50 g Physalis
100 ml ungesüßter
Maracujasaft

Zum Garnieren
1 EL geschrotete
Hanfsamen

Zubereitungszeit
15 Minuten
+ 1 Stunde Anfrierzeit

1 Ananas schälen, vom Strunk befreien und in kleine Stücke schneiden. Banane schälen und in Scheiben schneiden. Physalis von den Blütenkelchen befreien, waschen und halbieren. Alle vorbereiteten Zutaten auf einen Teller geben und für etwa 1 Stunde in das Gefrierfach stellen.

2 Die angefrorenen Früchte mit Maracujasaft in den Mixer geben. Langsam starten, kräftig aufmixen und anschließend alles auf Höchststufe cremig pürieren. In Gläser füllen und mit Hanfsamen garniert servieren.

Tipps • Sie können nach Belieben noch einige Esslöffel Crushed Ice, Eiswürfel oder frische Minzeblätter mitmixen. Statt Maracujasaft können Sie auch Orangensaft verwenden. • Fluananas, also bei der Ernte bereits reife Früchte, landen auf dem schnellsten Transportweg im Verkauf: Sie sind zuckersüß und von der Sonne gereift. Normalerweise werden Ananas unreif geerntet und sollen bei der Lagerung nachreifen, was geschmacklich mit der Fluananas nicht zu vergleichen ist. • Hanfsamen schmecken nussig und sind für ihren hohen Gehalt an Omega-3-Fettsäuren bekannt.

Physalis-Radieschengrün

- Grün • säuerlich-frisch
- süß-aromatisch

Für etwa 500 ml
**8–10 Blätter
Radieschengrün
1 große, reife Banane
100 g Physalis**

Zum Garnieren
2 Physalis

Zubereitungszeit
10 Minuten

1 Radieschenblätter gründlich waschen, abtropfen lassen und etwas kleiner schneiden. Banane schälen und in Stücke schneiden. Physalis – außer den beiden Früchten zum Garnieren – von den Blütenkelchen befreien, waschen und halbieren.

2 Radieschenblätter, Bananenstücke und Physalishälften mit 200 Milliliter Wasser in den Mixer geben, aufmixen und je nach gewünschter Konsistenz pürieren. Die Physalis zum Garnieren ebenfalls von den Blütenkelchen befreien, waschen und ein-, aber nicht durchschneiden. Den Smoothie in Gläser füllen und jeweils 1 Physalis an den Glasrand stecken.

Tipps • Reife Bananen schmecken süß, ihre Schale hat schwarze Stellen. Unreife Bananen haben grünlich-hellgelbe Schalen; ihr Fruchtfleisch enthält noch Stärke, die beim Reifen in Zucker umgewandelt wird. Je schwärzer die Bananenschale, desto süßer schmeckt die Banane. • Die Physalis, auch Kapstachelbeere oder Lampionfrucht genannt, schmeckt sehr süß und enthält Kalzium, Phosphor, Eisen, Vitamin B und C sowie Karotin. Lagern Sie sie möglichst zimmerwarm, dadurch entfaltet sich das zuckersüße Fruchtaroma.

Brombeerblätter-Wildkräuter-Mischung

- Kräftig - aromatisch
- herb-süßlich

Für etwa 500 ml

**50 g Wildkräutermischung
mit Brombeerblättern
1 reife Banane
2 Bioorangen
½ TL Acai-Pulver**

Zubereitungszeit
10 Minuten

1 Die Wildkräutermischung gründlich waschen und abtropfen lassen. Banane schälen und in Scheiben schneiden. Orangen waschen, trockenreiben und etwas Schale zum Garnieren fein abreiben. Die Früchte halbieren und auspressen.

2 Wildkräuter mit Bananenscheiben, Orangensaft, Acai-Pulver und 200 Milliliter Wasser in den Mixer geben. Langsam starten, kräftig aufmixen und anschließend auf Höchststufe alles cremig pürieren. In Gläser füllen und mit der fein abgeriebenen Orangenschale garniert servieren.

Tipps • Wildkräutermischungen sind verschieden sortiert und sogar teilweise mit essbaren Blüten dekoriert. Manche Mischungen sind mit einem Detox-Logo gekennzeichnet: Hier sind die enthaltenen Blätter harmonisch aufeinander abgestimmt und bieten allesamt Schutz vor freien Radikalen. Für dieses Rezept empfiehlt sich eine Mischung aus Brennnessel, Birke, Löwenzahn, Gänseblümchen, Brombeere, Himbeere, Giersch, Gundermann, wildem Rucola, Minze, Vogelmiere, Spitzwegerich und Sauerampfer. Die jungen, zarten Brombeerblätter schmecken aromatisch-herb. • Wem der Smoothie nicht süß genug ist, kann die Menge des süßlichen Acai-Pulvers auf 1 Teelöffel erhöhen.

Frühlingsgefühle

Rucola
mit Banane

- Aufbauend - würzig
- peppig

1 Rucola verlesen, waschen und trockenschütteln. Die Blätter von den groben Stielen befreien und quer in kleinere Stücke schneiden. Bananen schälen und in Scheiben schneiden.

2 Rucola, Bananenscheiben und Mandelmus mit Orangensaft, Aloe-vera-Saft oder -Trinkgel und 200 Milliliter Wasser in den Mixer geben. Auf kleiner Stufe starten und anschließend auf Höchststufe alles cremig pürieren. Die Möhre zum Garnieren putzen, schälen und der Länge nach halbieren. Den Smoothie in Gläser füllen und mit den Möhrenhälften garniert servieren.

Für etwa 500 ml
100 g Rucola
2 kleine, reife Bananen
1 EL Mandelmus
Saft von 1 Orange
1 EL Aloe-vera-Saft oder
Aloe-vera-Trinkgel (aus dem
Reformhaus)

Zum Garnieren
1 lange Möhre

Zubereitungszeit
10 Minuten

Tipp - Probieren Sie statt »normaler« Bananen doch einfach einmal Fingerbananen aus. Die kleinen, süßen Früchte sind nicht länger als Finger, daher der Name. Sie schmecken noch intensiver als herkömmliche Bananen und sind als »Gute-Laune-Obst« bekannt, da sie durch ihre natürlichen Neurotransmitter die Stimmung heben. Zudem enthalten Bananen viel Vitamin C und B-Vitamine sowie Magnesium und sie machen lange satt. Da stört es auch nicht, dass sie die eine oder andere Kalorie mehr haben – 100 Gramm Bananenfruchtfleisch liefern 89 Kilokalorien.

Sommerlaune

Äpfel, Avocados, Bananen, Birnen, Brokkoli, Brunnenkresse, Erdbeeren, Goji-beeren, Himbeeren, Honigmelone, Ingwer, Johannisbeeren, Kirschen, Kopfsalat, Limetten, Mangos, Minze, Möhren, Nektarinen, Petersilie, Pfirsiche, Salatgurken, Sellerie, Spinat, Tomaten, Weintrauben, Wildkräuter, Zitronen, Zitronenmelisse

Mango-Spinat
mit Ingwer

- Exotisch • leicht
- süßlich-scharf

Für etwa 500 ml

1 kleine, reife Mango
1 süßer Bioapfel
2 cm frische Ingwerwurzel
1 Fingerbanane
oder 1 kleine Banane
50 g junge Spinatblätter

Zum Garnieren
2 Cherrytomaten
2 Holzspieße

Zubereitungszeit
10 Minuten

1 Mango schälen, das Fruchtfleisch vom Kern schneiden. Apfel waschen, halbieren, entstielen und mit Schale und Kerngehäuse klein schneiden. Ingwer schälen und zerkleinern. Banane schälen und in Scheiben schneiden. Spinat gründlich waschen und abtropfen lassen.

2 Mango, Apfel, Ingwer, Banane und Spinat mit 200 Milliliter Wasser in den Mixer geben. Langsam starten, auf Höchststufe kräftig aufmixen und fein pürieren. In Gläser füllen. Cherrytomaten waschen, je 1 auf einen Holzspieß stecken und den Smoothie damit garnieren.

Tipps • Die intensive Wirkung von frischem Ingwer ist mit der von Ingwerpulver nicht zu vergleichen. Frischer Ingwer muss kräftig duften, beim Schneiden oder Reiben muss Saft austreten. Nur so können die ätherischen Öle wirken, die unter anderem die Durchblutung anregen und das Immunsystem stärken. • Beim Apfel kann alles außer dem Stiel im Mixer püriert werden. Die Apfelschale ist besonders empfehlenswert, da sich viele Vitamine direkt unter ihr befinden. Das Kerngehäuse ist in der Diskussion, weil dieses – ebenso wie die Kerne von Aprikosen, Kirschen und Bittermandeln – Amygdalin enthält, das im Körper zu giftiger Blausäure abgebaut wird. Man müsste aber Unmengen von Kerngehäusen verzehren, damit eine giftige Wirkung eintreten könnte.

Mandeleis zum Trinken

- Cremig - lecker
- cool

1 Bananen schälen, in Stücke schneiden, auf einen Teller legen und mit Zitronensaft beträufeln. Zum Anfrieren für etwa 1 Stunde in das Gefrierfach stellen.

2 Angefrorene Bananenstücke mit Mandelmilch, Erdnussmus und Eiswürfeln in den Mixer geben. Langsam starten, aufmixen und je nach gewünschter Sämigkeit pürieren. Die Minzeblättchen zum Garnieren waschen und trockenschütteln. Den Smoothie in Gläser füllen und mit den Minzeblättchen garniert servieren.

Für etwa 500 ml

2 mittelgroße Bananen
Saft von ½ Zitrone
250 ml kalte ungesüßte Mandelmilch
1 TL Erdnussmus
3 – 4 Eiswürfel

Zum Garnieren

einige frische Minzeblättchen

Zubereitungszeit

10 Minuten
+ 1 Stunde Anfrierzeit

Tipps • Der aus leicht gerösteten Mandeln zubereitete Drink ist eigentlich gar keine Milch, sondern ein zu 100 Prozent pflanzliches Produkt. Achten Sie darauf, dass die Mandelmilch ungesüßt und nicht mit Zucker angereichert ist.   • Das Erdnussmus verleiht dem kalten Smoothie einen zusätzlichen nussigen Kick. Erdnüsse gehören zu den Hülsenfrüchten und enthalten rund 24 Prozent Eiweiß sowie pro 100 Gramm 176 Milligramm Magnesium.

Beerenmix
mit Möhre

- Beerig-rot • fruchtig
- säuerlich

1 Beeren verlesen, bei Bedarf entstielen, vorsichtig waschen und mit Küchenpapier trockentupfen. Weintrauben von den Stielen zupfen und waschen. Pfirsich waschen, halbieren und Kern entfernen. Möhre waschen, nicht schälen und mit dem Grün klein schneiden. Alle vorbereiteten Zutaten auf einen Teller geben und im Gefrierfach etwa 30 Minuten anfrieren lassen.

2 Die angefrorenen Zutaten mit den Eiswürfeln im Mixer kräftig aufmixen und pürieren. In Gläser füllen. Minze waschen und trockenschütteln und den Smoothie damit garnieren.

Für etwa 500 ml
**250 g gemischte Beeren,
z. B. Johannisbeeren,
Himbeeren, Erdbeeren
100 g helle Weintrauben
1 saftiger Pfirsich
1 kleine Möhre mit Grün
4 Eiswürfel**

Zum Garnieren
frische Minzeblätter

Zubereitungszeit
**15 Minuten
+ 30 Minuten Anfrierzeit**

Tipps • Beeren im Smoothie schmecken einfach toll – vorausgesetzt, sie sind pflückfrisch und somit zuckersüß im Geschmack. Außerhalb der Beerensaison können Sie jedoch ohne Weiteres auf tiefgekühlte Beerenmischungen zurückgreifen. Pürieren Sie diese dann beispielsweise mit Natur- oder Sojajoghurt und mixen Sie sie zu einem Joghurteis-Smoothie auf. • Statt des Pfirsichs können Sie auch zwei reife, süße Aprikosen oder eine Nektarine verwenden.

Obstkorb
mit Melone

• Süß • fruchtig
• cremig

1 Honigmelone halbieren, die Kerne entfernen. Das Fruchtfleisch herauslöffeln und in Stücke schneiden. Auf einen Teller legen und für etwa 1 Stunde in das Gefrierfach stellen. Die gemischten Beeren verlesen, bei Bedarf entstielen und waschen.

2 Angefrorene Melonenstücke und Beeren mit den Eiswürfeln in den Mixer geben. Langsam starten, aufmixen und je nach gewünschter Sämigkeit noch einen Schuss Wasser hinzufügen. In Gläser gießen und mit je 1 Esslöffel Haferflocken bestreuen.

Für etwa 500 ml

250 g Honigmelone
150 g gemischte Beeren,
z. B. Erdbeeren, Himbeeren,
Johannisbeeren
3 – 4 Eiswürfel

Zum Garnieren
2 EL Haferflocken

Zubereitungszeit
15 Minuten
+ 1 Stunde Anfrierzeit

Tipps • Schnuppern Sie an den Melonen: Je mehr sie duften, desto reifer und süßer sind sie. Wählen Sie je nach saisonalem Angebot Honigmelone oder Wassermelone. • Statt der Haferflocken können Sie auch Chiasamen verwenden.

Apfel-Gurke mit Kreuzkümmel

- Erfrischend • süß-säuerlich
  - mit Kräuteraroma

Für etwa 500 ml

1 kleine Salatgurke
2 kleine Äpfel, z. B. Elstar
4 – 6 Kräutereiswürfel
1 Messerspitze gemahlener
Kreuzkümmel
Saft von ½ Limette

Zubereitungszeit
10 Minuten

1 Salatgurke waschen und ungeschält klein schneiden. Äpfel waschen, halbieren, von den Stielen befreien und mit dem Kerngehäuse klein schneiden.

2 Salatgurke und Äpfel mit 200 Milliliter Wasser, den Eiswürfeln, dem Kreuzkümmel sowie dem Limettensaft in den Mixer geben. Langsam starten und dann auf höchster Stufe pürieren. In Gläser füllen und nach Belieben mit Gurkenscheiben am Glasrand garniert servieren.

Tipps • Kreuzkümmel, auch Cumin oder Kumin, ist überwiegend aus der indischen und orientalischen Küche bekannt. Die kleinen getrockneten Früchte schmecken leicht scharf und sehr würzig mit Zitrusnoten. Der europäische Kümmel, der hauptsächlich beim Brotbacken Verwendung findet, ist geschmacklich ganz und gar nicht mit dem exotischen Kreuzkümmel zu vergleichen. In diesem sommerlichen Smoothie bereichert Kreuzkümmel das Aroma und wirkt zudem blähungsmildernd sowie ausgleichend bei Magenbeschwerden. • Kräutereiswürfel sind schnell hergestellt. Dazu frische Kräuter wie Petersilie, Basilikum und/oder Minze waschen, fein hacken, in Eiswürfelbehälter geben, diese mit Wasser auffüllen und das Ganze gefrieren lassen.

Tomate-Avocado
mit Galgant

- Gemüsig • salzig
- peppig

1 Tomaten waschen, vierteln, von den Stielansätzen befreien und klein schneiden. Galgant schälen und auf einer Küchenreibe fein reiben. Avocado halbieren, entkernen, das Fruchtfleisch herauslöffeln und klein schneiden, mit Zitronensaft beträufeln. Petersilie waschen und trockenschütteln. Die Blätter abzupfen.

2 Tomaten, Galgant, Avocado und Petersilie mit 150 Milliliter Wasser in den Mixer geben. Mit Salz und Pfeffer würzen. Nach Belieben Eiswürfel hinzufügen. Langsam starten, kräftig aufmixen und anschließend auf Höchststufe alles cremig pürieren. In Gläser füllen. Sellerie waschen, putzen, längs halbieren und den Smoothie damit garnieren.

Für etwa 500 ml
200 g aromatische Tomaten
1–2 cm frische Galgantwurzel
1 Avocado, z. B. Sorte Hass
Saft von ½ Zitrone
4–5 Stängel Petersilie
grobes Meersalz
grob geschroteter schwarzer Pfeffer

Nach Belieben
2–3 Eiswürfel

Zum Garnieren
1 kleine Stange Sellerie

Zubereitungszeit
15 Minuten

Tipp • Galgant gehört zu den Ingwergewächsen und schmeckt im Gegensatz zu diesem etwas würzig-schärfer und leicht süßlich-bitter. Bei diesem Smoothie entfaltet der frisch geriebene Galgant schöne Aromanoten, wobei Sie ihn nicht unbedingt reiben müssen, sondern auch klein geschnitten in den Hochleistungsmixer geben können. Die ätherischen Öle der Wurzel wirken lindernd bei Bauchschmerzen und Erkältung. Zudem gilt Galgant als vitalisierender Energiespender und als stoffwechselanregend; so unterstützt er auch bei Diäten.

Süßkirsche-Beeren
mit Melisse

• Rot • fruchtig
• cremig

1 Kirschen und Beeren waschen. Kirschen entstielen und entsteinen. Erdbeeren entstielen. 2 besonders schöne Früchte zum Garnieren beiseitelegen, den Rest je nach Größe kleiner schneiden. Johannisbeeren von den Rispen streifen. Zitronenmelisse waschen und trockenschütteln. Die Blätter abzupfen.

2 Kirschen, Beeren und Melisseblätter mit Sojajoghurt und Eiswürfeln in den Mixer geben. Langsam starten, kräftig aufmixen und anschließend auf Höchststufe alles cremig pürieren. In Gläser füllen. Die beiseitegelegten Erdbeeren auf die Holzspieße stecken und den Smoothie damit garnieren.

Für etwa 500 ml
100 g Süßkirschen
100 g Erdbeeren
100 g rote Johannisbeeren
3 – 4 Stängel Zitronenmelisse
150 g Sojajoghurt
3 – 4 Eiswürfel

Zum Garnieren
2 lange Holzspieße

Zubereitungszeit
15 Minuten

Tipps • Statt des veganen Sojajoghurts können Sie auch vegetarischen Naturjoghurt, Kefir oder Buttermilch verwenden. Oder Sie mixen den Smoothie je nach gewünschter Sämigkeit und Süße mit Wasser, purem Traubensaft oder Multivitaminsaft. Ersetzen Sie die Johannisbeeren je nach Angebot hin und wieder auch durch Himbeeren oder Brombeeren. • Sie können die Stielansätze der Erdbeeren auch mit pürieren, sie schmecken allerdings etwas bitter.

Brokkoli-Birne mit Zitrone

• Kernig • würzig
• fruchtig

1 Brokkoli waschen und abtropfen lassen. Birne ebenfalls waschen, halbieren, entstielen und ungeschält sowie mit dem Kerngehäuse klein schneiden.

2 Brokkoliröschen und Birnenstückchen mit Zitronensaft, Agavendicksaft und 200 Milliliter Wasser in den Mixer geben. Langsam starten, kräftig aufmixen und auf Höchststufe alles cremig pürieren. In Gläser füllen. Die Möhre zum Garnieren waschen, längs halbieren und je eine Hälfte zum Umrühren in die Gläser stellen.

Für etwa 500 ml

200 g Brokkoliröschen
1 saftig süße Birne
1 TL Zitronensaft,
frisch gepresst
1 TL Agavendicksaft

Zum Garnieren
1 lange Möhre

Zubereitungszeit
15 Minuten

Tipps • Roh verzehrter Brokkoli bringt innerhalb kürzester Zeit den Stoffwechsel auf Trab, denn der hohe Gehalt an Magnesium und Vitamin C wirkt stark vitalisierend. Für dieses Rezept werden nur die Röschen verwendet; die Brokkolistiele sind stärkehaltig und vertragen sich nicht mit den Früchten. Zudem wirken sie blähend. • Agavendicksaft beziehungsweise Agavensirup wird aus einem mexikanischen Kaktusgewächs gewonnen. Er schmeckt süß und stellt beim Abnehmen eine gute Alternative zu Zucker dar.

Gurke-Kresse mit Gojibeeren

- Energiereich • smoothig
- fruchtig

Für etwa 500 ml

½ Salatgurke, ca. 250 g
50 g Brunnenkresse
100 g frische Gojibeeren
1 saftiger Pfirsich
4–5 Eiswürfel

Zubereitungszeit
15 Minuten

1 Salatgurke gründlich waschen und längs vierteln. Zwei Viertel zum Garnieren beiseitelegen, die restlichen Viertel klein schneiden. Brunnenkresse waschen, trockenschütteln und klein schneiden. Gojibeeren waschen und abtropfen lassen – einige davon ebenfalls zum Garnieren beiseitelegen. Pfirsich waschen, halbieren, entsteinen und in kleine Stücke schneiden.

2 Gurke, Brunnenkresse, Gojibeeren und Pfirsich mit den Eiswürfeln in den Mixer geben. Langsam starten, kräftig aufmixen und anschließend auf Höchststufe alles cremig pürieren. Falls nötig, noch etwas Wasser dazugießen. In Gläser füllen und mit den beiseitegelegten Gojibeeren bestreuen. Je ein beiseitegelegtes Gurkenviertel zum Umrühren in die Gläser geben.

Tipps • Seit einiger Zeit bekommt man Gojibeeren in gut sortierten Supermärkten oder Biomärkten als Frischware aus Südspanien. Wenn Sie getrocknete Gojibeeren verwenden, weichen Sie diese für mindestens 30 Minuten, besser 1 Stunde, in kaltem Wasser ein, damit sie sich geschmacklich so richtig entfalten können. Praktisch sind auch gefrorene Gojibeeren, die den Smoothie noch cremiger machen. • Gurken haben wie Äpfel, Birnen und Möhren die meisten Vitamine direkt unter der Schale. Verwenden Sie sie deshalb am besten ungeschält und als Bioware.

Nektarinen
mit Möhren

• Fruchtig • cool
• herzhaft

Für etwa 500 ml

**200 g saftig süße
Nektarinen
2 kleine Biomöhren
mit Grün
50 g Wildkräutermischung
1 TL Bio-Camu-Camu-Pulver**

Nach Belieben
2 – 4 Eiswürfel

Zubereitungszeit
15 Minuten

1 Nektarinen waschen, halbieren, entsteinen und klein schneiden. Möhren waschen, das Grün abschneiden und fein hacken. Die Möhren längs in Viertel schneiden und zwei Viertel zum Garnieren beiseitelegen. Die restlichen Viertel klein schneiden. Wildkräuter waschen und abtropfen lassen.

2 Nektarinen, Möhren, Wildkräuter und Camu-Camu-Pulver mit 100 Milliliter Wasser und nach Belieben den Eiswürfeln in den Mixer geben. Langsam starten, kräftig aufmixen und auf Höchststufe alles cremig pürieren. In Gläser füllen und mit Möhrenvierteln sowie Möhrengrün garnieren.

Tipps • Biomöhren müssen Sie nur gründlich waschen, schälen müssen Sie sie nicht. Das Beta-Karotin der Möhren, die Vorstufe von Vitamin A, wird auch als Augenvitamin bezeichnet. • Eine saisonale Wildkräutermischung schmeckt immer wieder anders. Sie kann aus vier bis zehn verschiedenen Komponenten gemischt sein, darunter den Blättern der Fetthenne, würzigem Giersch, herb-harzigem Gundermann, jungem Sauerampfer oder Taubnessel, herzhaftem Löwenzahn und den milden Triebspitzen des Flügelknöterich oder der Goldrute.

Pfirsich-Kopfsalat
mit grünem Tee

- Grün • saftig
  - erfrischend

Für etwa 500 ml

1 kleines Kopfsalatherz
2 saftige Weinbergpfirsiche
1 kleine, reife Banane
200 ml kalter grüner Tee

Zum Garnieren
4 Eiswürfel

Zubereitungszeit
10 Minuten
+ Vorbereitungszeit
für den Tee

1 Das Kopfsalatherz zerpflücken, die Blätter waschen und grob in Streifen schneiden. Weinbergpfirsiche waschen, halbieren, entkernen und klein schneiden. Banane schälen und in Scheiben schneiden.

2 Kopfsalatstreifen, Pfirsichstücke, Bananenscheiben und grünen Tee in den Mixer geben. Langsam starten und anschließend auf Höchststufe zu einem cremigen Smoothie pürieren. Die Eiswürfel in Gläser geben und mit dem Smoothie auffüllen.

Tipps • Grüner Tee gilt als gesund, da die Teeblätter nicht fermentiert werden – und fast alle im frischen Teeblatt enthaltenen Wirkstoffe wie beispielsweise Kalzium und Fluor erhalten bleiben. Dazu ist es aber wichtig, dass der grüne Tee nicht mit kochendem Wasser, sondern mit abgekochtem und auf etwa 70 °C abgekühltem Wasser aufgegossen wird. • Kopfsalat ist nicht nur ein kalorienarmes Nahrungsmittel, er ist auch als Heilpflanze bekannt. Er wirkt beruhigend und soll bei Nervosität und Schlaflosigkeit helfen.

Sommerlaune

Herbstgenuss

Äpfel, Bananen, Birnen, Blaubeeren, Cranberrys, Datteln, Granatäpfel, Ingwer, Johannisbeeren, Kiwis, Kopfsalat, Kürbis, Minze, Mirabellen, Orangen, Petersilie, Pfirsiche, Pflaumen, Portulak, Radicchio, Romanasalat, Tomaten, Weintrauben, Zitronen

Soja-Smoothie mit Granatapfel

- Aromatisch • cremig
- fruchtig

Für etwa 500 ml

1 Granatapfel
1 süße Birne, z. B. Williams
Christ oder Abate
200 ml Sojamilch
4 – 5 Eiswürfel

Zubereitungszeit
15 Minuten

1 Granatapfel kreuzweise tief einschneiden, aufklappen – möglichst mit Gummihandschuhen, da der Saft stark färbt – und die Kerne aus den Segmenten herauslösen. Einige Granatapfelkerne zum Garnieren beiseitelegen. Birne waschen, längs vierteln, von Stiel und Kerngehäuse befreien und in Stücke schneiden.

2 Die vorbereiteten Zutaten mit Sojamilch und Eiswürfeln im Mixer kräftig aufmixen und pürieren. In Gläser füllen und mit den beiseitegelegten Granatapfelkernen garniert servieren.

Tipps • Statt der Birne können Sie auch einen süßen Apfel oder eine kleine, reife Mango verwenden. Die Granatapfelkerne schmecken durchaus ein wenig säuerlich; ist Ihnen der Smoothie zu säuerlich, mixen Sie einfach 1 Teelöffel Agavensirup mit.   • Die Sojamilch können Sie auch durch reinen Traubensaft oder Wasser ersetzen. Der Smoothie wird dann zwar nicht so cremig, das können Sie jedoch durch eine kleine Banane wieder ausgleichen.

Blaubeeren mit Haselnuss

- Blau-beerig • nussig
  - vollmundig

1 Blaubeeren waschen und auf Küchenpapier trocknen lassen. Pfirsich waschen, halbieren und den Kern entfernen. Minzeblätter waschen, in Streifen schneiden und mit den Blaubeeren sowie den Pfirsichstücken für etwa 30 Minuten zum Anfrieren in das Gefrierfach stellen.

2 Die angefrorenen Früchte mit Haselnussmilch und Eiswürfeln in den Mixer geben. Langsam starten und anschließend auf Höchststufe alles cremig pürieren. In Gläser füllen und nach Belieben mit Strohhalmen trinken, damit kein »Blaubeermund« entsteht.

Für etwa 500 ml

150 g Blaubeeren
1 kleiner, saftiger Pfirsich
8 – 10 Minzeblätter
200 ml Haselnussmilch
3 – 4 Eiswürfel

Zubereitungszeit

10 Minuten
+ 30 Minuten Anfrierzeit

Tipps • Haselnussmilch ist zu 100 Prozent vegan und besteht neben Haselnüssen vor allem aus Wasser. Darüber hinaus werden nur minimal Meersalz und Agavendicksaft hinzugefügt. • Um einen reinen Frucht-Smoothie zu erhalten, ersetzen Sie die Haselnussmilch durch etwa 200 Gramm süß-saftiges Melonenfruchtfleisch. Sie können dafür sowohl Honigmelone als auch Wassermelone verwenden.

Cranberry-Sojajoghurt

- Cremig • rot
- fruchtig-säuerlich

Für etwa 500 ml
2 rote Äpfel
2 Saftorangen
100 g frische Cranberrys
150 g Vanille-Sojajoghurt

Zubereitungszeit
10 Minuten

1 Äpfel waschen, vierteln, entstielen, nach Geschmack entkernen und in kleine Stücke schneiden. Saftorangen halbieren und auspressen. Cranberrys waschen und abtropfen lassen; einige davon zum Garnieren beiseitelegen.

2 Äpfel, Cranberrys, Vanille-Sojajoghurt und Orangensaft in den Mixer geben. Langsam starten, kräftig aufmixen und fein pürieren. In Gläser füllen und mit den beiseitegelegten Cranberrys garniert servieren.

Tipps • Frische Cranberrys sind von Oktober bis Mitte Dezember erhältlich. Kaufen Sie dann einfach mehr und frieren Sie sie portionsweise ein. Der Cranberry, einer Verwandten der Preiselbeere sowie der Blaubeere, wird ausschließlich Gutes nachgesagt: Sie wirkt antibakteriell und ist für einen hohen Vitamin-C-Gehalt bekannt. Im rohen Zustand schmeckt sie sehr säuerlich, getrocknet eher süßlich, ähnlich einer Rosine. • Dieser Smoothie ist ein ideales Frühstück – voller Power, um den Tag kraftvoll zu beginnen.

Mirabellen
mit grünem Salat

- Fruchtig • säuerlich-süß
- aromatisch

1 Mirabellen waschen und entsteinen. Bananen schälen und in kleine Stücke schneiden. Die Orange so schälen, dass auch die weiße Haut entfernt wird; das Fruchtfleisch ebenfalls in Stücke schneiden. Kopfsalatblätter einzeln waschen, trockenschütteln und in Streifen schneiden.

2 Mirabellen, Bananen- und Orangenstücke sowie Kopfsalatstreifen und Chlorella-Algen-Pulver mit 100 Milliliter Wasser im Mixer aufmixen und pürieren. In Gläser füllen. Petersilie waschen und trockenschütteln. Den Smoothie damit garnieren.

Für etwa 500 ml

200 g saftige Mirabellen
2 kleine Bananen
1 Orange
50 g Kopfsalatblätter
½ TL Chlorella-Algen-Pulver

Zum Garnieren
einige Stängel Petersilie

Zubereitungszeit
10 Minuten

Tipps • Steinobst wie Mirabellen, Zwetschgen, Renekloden oder Pflaumen lässt sich hervorragend verarbeiten, ob Sie nur ein paar Früchte als Beigabe oder das Obst als Hauptkomponente im Smoothie verwenden. Achten Sie beim Kauf auf reife Früchte, denn diese verleihen dem Smoothie eine süß-säuerliche Note. • Mirabellen sind überwiegend im August erhältlich, aber auch gegen Ende des Sommers werden vielfach noch schöne, überreife Früchte angeboten.

Sultana
mit Kiwi

- Süß-säuerlich • cremig
  - frisch

1 Die Trauben von den Stielen zupfen und waschen. Kiwis schälen und in kleine Stücke schneiden. Orangen auspressen.

2 Trauben, Kiwistücke und Orangensaft mit 100 Milliliter Wasser in den Mixer geben. Langsam starten, kräftig aufmixen und anschließend auf Höchststufe pürieren. In Gläser füllen. Die Minzeblätter zum Garnieren waschen, trockentupfen und fein hacken. Den Smoothie damit garnieren.

Für etwa 500 ml
200 g süße kernlose Trauben
2 kleine, reife Kiwis
2 kleine Saftorangen

Zum Garnieren
frische Minzeblätter

Zubereitungszeit
15 Minuten

Tipp • Die kleinen kernlosen Sultana-Trauben schmecken zuckersüß und vertragen durchaus etwas mehr Wasser beim Mixen, damit der Smoothie die persönlich gewünschte Süße bekommt.

Johannisbeeren
mit **Portulak**

• Rotgrün • süß-säuerlich
• mit besonderem Kick

Für etwa 500 ml

**je 75 g rote und weiße
Johannisbeeren
50 g Portulak
2 getrocknete Datteln
1 große, überreife Banane**

Zum Garnieren
½ TL Kokosraspel

Zubereitungszeit
10 Minuten

1 Johannisbeeren von den Rispen streifen, waschen und abtropfen lassen. Portulak verlesen, waschen, trockenschütteln und etwas klein schneiden. Datteln entkernen und ebenfalls klein schneiden. Banane schälen und in Scheiben schneiden.

2 Johannisbeeren, Portulak, Datteln und Bananenscheiben mit 200 Milliliter Wasser in den Mixer geben. Langsam starten, kräftig aufmixen und auf Höchststufe alles cremig pürieren. In Gläser füllen und mit Kokosraspeln garniert servieren.

Tipps • Portulak war bei uns lange Zeit in Vergessenheit geraten. Schade – enthalten die Pflanzen doch viel Vitamin C und gesunde Omega-3-Fettsäuren. Inzwischen hat man das Wildgemüse für die Küche wiederentdeckt; die jungen Blätter schmecken leicht säuerlich und nussig, ältere Blätter ein wenig bitter. • Die Weiße Johannisbeere ist im Gegensatz zur Schwarzen Johannisbeere keine eigene Unterart, sondern lediglich die andersfarbige Zuchtform der Roten Johannisbeere.

Hokkaido-Mandel
mit **Banane**

• **Herbstlich** • **erdig**
• **nussig**

1 Kürbis halbieren, entkernen und die gewünschte Menge in kleine Stücke schneiden. Mit 100 Milliliter Wasser in einen Topf geben und bei mittlerer Hitze etwa 20 Minuten garen. Abgießen und abkühlen lassen.

2 Banane schälen, in Scheiben schneiden und mit Zitronensaft beträufeln. Birne waschen, vierteln, entstielen, entkernen und klein schneiden.

3 Kürbisfruchtfleisch mit Bananenscheiben und Birnenstückchen sowie Mandelmilch in den Mixer geben. Langsam starten, kräftig aufmixen und je nach gewünschter Sämigkeit pürieren. Falls der Smoothie zu dicklich werden sollte, entweder etwas Wasser oder einige Eiswürfel hinzufügen. In Gläser füllen und mit Zimt bestäuben.

Für etwa 500 ml
250 g Hokkaidokürbis
1 kleine Banane
Saft von ¼ Zitrone
1 kleine, saftige Birne
150 ml Mandelmilch

Zum Garnieren
1 Prise gemahlener Zimt

Zubereitungszeit
20 Minuten
+ 20 Minuten Garzeit

Tipps • Sie können die Birne durch einen Apfel ersetzen. Die Banane ist ebenfalls kein Muss, gibt dem Smoothie jedoch eine cremige Konsistenz. Statt Zimt können Sie eine Prise gemahlene Muskatblüte verwenden. • Der Hokkaidokürbis kann auch roh gegessen oder püriert werden. Durch das Garen wird das Kürbisfruchtfleisch weicher und zarter und entwickelt einen süßlichen Geschmack. • Besonders hervorzuheben ist der hohe Gehalt an Vitamin C und Beta-Karotin, den der Hokkaidokürbis aufweist.

anane-Dattel
mit **Romana**

- Cremig • süß
- fruchtig

Für etwa 500 ml
1 kleine, saftige Birne
1 überreife Banane
4 kleine Blätter
Romanasalat
4 Datteln

Zubereitungszeit
10 Minuten

1 Birne waschen, halbieren, entstielen und mit dem Kerngehäuse klein schneiden. Banane schälen und in Scheiben schneiden. Salatblätter waschen, trockenschütteln und in Streifen schneiden. Datteln entkernen und klein schneiden.

2 Birnenstückchen, Bananenscheiben, Salatstreifen und Datteln mit 200 bis 250 Milliliter Wasser in den Mixer geben. Langsam starten, kräftig aufmixen und anschließend auf Höchststufe cremig pürieren. In Gläser füllen und genießen.

Tipp • Getrocknete Datteln eignen sich gut als Vorrat, denn wenn der süße Hunger kommt, wirken diese kleinen Vitaminbomben wahre Wunder: Die Fruchtsüße stillt nicht nur den Appetit auf Süßes, sie hilft auch dabei, nicht in den Unterzucker zu »rauschen«. Als geschmackliche Ergänzung bieten sich getrocknete Datteln insbesondere für die manchmal etwas herb-würzigen grünen Smoothies an.

Apfel-Ingwer
mit Pflaume

- Süß-säuerlich • scharf-mild
  - ausgefallen

Für etwa 500 ml

2 cm frische Ingwerwurzel
2 Äpfel, z. B. Elstar
oder Santana
Saft von 1 Orange
150 g Pflaumen

Zum Garnieren
gemahlener Zimt

Zubereitungszeit
15 Minuten

1 Ingwer schälen und klein schneiden. Äpfel waschen, halbieren, entstielen und ungeschält sowie mit Kerngehäuse ebenfalls klein schneiden. Mit Orangensaft vermengen. Pflaumen waschen, halbieren und entsteinen.

2 Ingwer, Äpfel und Pflaumen mit 100 Milliliter Wasser in den Mixer geben. Langsam starten, kräftig aufmixen und pürieren. In Gläser füllen und mit Zimt bestäubt servieren.

Tipp • Sollten Pflaumen übrig bleiben, diese einfach waschen, entsteinen, portionsweise einfrieren und für den nächsten Smoothie verwenden.

Radicchio
mit Trauben

- Roter grüner Smoothie
  - süßlich • pikant

1 Radicchioblätter waschen, trockenschütteln und quer in Streifen schneiden. Weintrauben von den Stielen zupfen und waschen. Einige zum Garnieren beiseitelegen. Birne waschen, längs vierteln, entstielen, vom Kerngehäuse befreien und in kleine Stücke schneiden. Tomate waschen, vierteln, vom Stielansatz befreien und klein schneiden.

2 Radicchiostreifen, Weintrauben sowie Birnen- und Tomatenstücke mit 100 Milliliter Wasser in den Mixer geben. Langsam starten und anschließend auf Höchststufe alles cremig pürieren. In Gläser füllen. Die beiseitegelegten Weintrauben auf die Spieße stecken. Den Smoothie mit den Weintraubenspießen garniert servieren.

Für etwa 500 ml
5 Blätter Radicchio
200 g süße dunkle
Weintrauben
1 saftig süße Birne
1 reife Tomate

Zum Garnieren
2 lange Holzspieße

Zubereitungszeit
15 Minuten

Tipp • Die roten Radicchioblätter eignen sich ideal für eine Diät, denn sie enthalten Bitterstoffe, die den Stoffwechsel anregen. Radicchio ist zudem speziell bei zu hohen Cholesterinwerten zu empfehlen, da die Bitterstoffe auch Cholesterin abbauen. Und wer gute Nerven braucht, dem sei diese Pflanze aufgrund ihrer nervenstärkenden B-Vitamine wie Vitamin B1 und B2 besonders ans Herz gelegt.

Wintervergnügen

Ananas, Äpfel, Bananen, Birnen, Chinakohl, Cranberrys, Datteln, Feigen, Fenchel, Grapefruits, Grünkohl, Ingwer, Kakis, Mandarinen, Mangos, Möhren, Orangen, Petersilie, Pitahayas, Rote-Bete-Blätter, Salatgurken, Spinat

Grapefruit
mit **Banane**

- Cremig • süß-säuerlich
- Vitamin-C-Bombe

1 Die Cranberrys mit 100 Milliliter Wasser übergießen und 30 Minuten einweichen. In der Zwischenzeit die Grapefruit so schälen, dass auch die weiße Haut vollständig entfernt wird. Das Fruchtfleisch klein schneiden. Kaki waschen, trockenreiben, von den Kelchblättern befreien und mit der Schale ebenfalls klein schneiden. Bananen schälen und in Scheiben schneiden.

2 Eingeweichte Cranberrys mit Grapefruit, Kaki, Bananenscheiben und Naturjoghurt in den Mixer geben. Langsam starten und anschließend auf Höchststufe alles cremig pürieren. In Gläser füllen und mit den gemahlenen Mandeln garniert servieren.

Für etwa 500 ml

1 EL getrocknete Cranberrys
1 rosa Grapefruit
1 Kaki
2 kleine Bananen
150 g Naturjoghurt

Zum Garnieren

1 TL gemahlene Mandeln

Zubereitungszeit

15 Minuten
+ 30 Minuten Einweichzeit

Tipp • Diesen Smoothie können Sie auch ohne Joghurt zubereiten. Dazu die klein geschnittenen Früchte etwa 30 Minuten im Gefrierfach anfrieren und anschließend mixen. So wird der Smoothie schön cremig. Oder Sie ersetzen den Joghurt durch 100 Milliliter Kokosmilch und garnieren den Smoothie mit Kokosraspeln.

Mango-Nashi
mit **Möhre**

- Süß • leicht säuerlich
- erfrischend

Für etwa 500 ml

1 Mango
1 Nashi-Birne
2 kleine Möhren
½ TL Guaranapulver
150 ml Orangensaft

Zubereitungszeit
15 Minuten

1 Mango schälen und das Fruchtfleisch vom Kern schneiden. Nashi-Birne waschen, schälen, vierteln, entstielen und entkernen. Möhren schälen; 1 Möhre längs halbieren, die andere klein schneiden.

2 Mango, Nashi, Möhrenstücke und Guaranapulver mit Orangensaft in den Mixer geben. Langsam starten und dann auf Höchststufe alles cremig pürieren. In Gläser füllen und mit je 1 Möhrenhälfte garniert servieren.

Tipps • Sie können den Orangensaft durch Wasser ersetzen und je nach Geschmack eine kleine Banane mitpürieren. Oder Sie weichen 1 Esslöffel Rosinen in 50 Milliliter Wasser etwa 10 Minuten lang ein und mixen sie anschließend mit. • Flugmangos werden reif geerntet und per Flugzeug rasch an ihren Bestimmungsort transportiert. Sie schmecken in der Regel besser als bei der Lagerung nachgereifte Früchte. • Nashi ist das japanische Wort für Birne. Geschmacklich gleicht sie einer Mischung aus Apfel und Birne. Die Nashi ist im Winter bei uns erhältlich und wegen ihres hohen Vitamin-C-Gehalts sehr beliebt.

Rote Bete
mit Orange

- Grün • erdig
- fruchtig

Für etwa 500 ml
2 – 3 Rote-Bete-Blätter
50 g Spinatblätter
1 süßlicher Apfel
1 große Orange
100 ml Rote-Bete-Saft

Zum Garnieren
frisch geriebene
Ingwerwurzel

Zubereitungszeit
15 Minuten

1 Rote-Bete-Blätter und Spinat waschen, trocken-schütteln und quer in kleine Stücke schneiden. Apfel waschen, halbieren, entstielen und ungeschält sowie mit Kerngehäuse klein schneiden. Die Orange so schälen, dass auch die weiße Haut entfernt wird; das Fruchtfleisch klein schneiden.

2 Rote-Bete-Blätter, Spinat, Apfel und Orange mit Rote-Bete-Saft in den Mixer geben. Langsam starten und anschließend auf Höchststufe alles cremig pürieren. In Gläser füllen und mit frisch geriebenem Ingwer garniert servieren.

Tipps • Statt des Rote-Bete-Safts können Sie auch eine rohe Rote Bete verwenden. Dazu diese mit Gummihandschuhen schälen, da der Saft sehr stark färbt. Die geschälte Bete klein schneiden und mit 100 bis 150 Milliliter Wasser im Mixer pürieren. • Zusätzliche Frische verleihen Sie diesem Smoothie mit etwas Zitronen- oder Limettensaft. • Die Rote-Bete-Blätter finden sich auch in Wildkräutermischungen, die Sie für diesen Smoothie dann im Ganzen verwenden können.

Gurke-Banane
mit **Ananas**

- Erfrischend
- vitalisierend
- fruchtig

Für etwa 500 ml
1 kleine Biosalatgurke
½ Babyananas
1 Banane
5–6 Stängel Petersilie

Zubereitungszeit
15 Minuten

1 Salatgurke gründlich waschen und klein schneiden. Babyananas schälen, vom Strunk befreien und in kleine Stücke schneiden. Banane schälen und in Scheiben schneiden. Petersilie waschen und trockenschütteln. Die Blätter von den Stängeln zupfen und grob hacken. Etwas Petersilie zum Garnieren beiseitelegen.

2 Gurke, Ananas, Banane und Petersilie mit 100 Milliliter Wasser in den Mixer geben. Langsam starten und anschließend auf Höchststufe alles cremig pürieren. In Gläser füllen und mit der beiseitegelegten Petersilie garniert servieren.

Tipps • Die Ananas wirkt auch von außen als wahres hautstraffendes Schönheitselixier: Dafür das Fruchtfleisch pürieren und Handrücken oder Gesicht sanft damit einreiben. Mit Wasser abwaschen. • Bei Halsschmerzen oder Husten frisch gepressten Ananassaft trinken. Das enthaltene Enzym Bromelain löst den Bronchienschleim, und das Vitamin C hilft bei der Genesung. • Beim Aufschneiden einer Ananas merkt man sofort, ob der Strunk saftig oder holzig ist. Er kann mitgegessen beziehungsweise klein geschnitten und im Smoothie mitpüriert werden.

Mandarine-Mango
mit **Pitahaya**

- Exotisch • fruchtig
  - cremig

Für etwa 500 ml
4 getrocknete Feigen
4 Mandarinen
1 Mango
2 Pitahaya-Früchte

Zubereitungszeit
15 Minuten

1 Feigen klein schneiden und mit 150 Milliliter Wasser zum Quellen begießen. In der Zwischenzeit Mandarinen halbieren und auspressen. Mango schälen und das Fruchtfleisch vom Kern schneiden. Pitahaya-Früchte halbieren; 2 Scheiben zum Garnieren abschneiden und beiseitelegen. Aus den restlichen Früchten das Fruchtfleisch mit einem Löffel herauslösen.

2 Das Pitahaya-Fruchtfleisch mit den eingeweichten Feigen, dem Mandarinensaft und dem Mangofruchtfleisch in den Mixer geben. Langsam starten, alles kräftig aufmixen und fein pürieren. In Gläser füllen. Die beiseitegelegten Pitahaya-Scheiben ein-, aber nicht durchschneiden und zum Garnieren an den Glasrand stecken.

Tipps • Die ovalen bis eiförmigen Pitahaya-Früchte, auch Drachenfrüchte genannt, haben eine gelbe Schale mit warzenartigen Auswüchsen. Es gibt zweierlei Sorten: mit weißem und mit pinkfarbenem Fruchtfleisch. Die exotischen Früchte haben ein unverwechselbar süßes Aroma und enthalten reichlich Vitamin B und C. • Sie können die Mandarinen auch im Ganzen im Mixer pürieren. Allerdings wird der Smoothie durch die Kerne und die Trennhäute dann leicht bitter.

Grünkohl
mit Kokoswasser

• Exotisch • nussig
• fruchtig

Für etwa 500 ml

4 Blätter Grünkohl
½ Babyananas
1 Banane
250 ml Kokoswasser

Zum Garnieren
1 TL Chiasamen

Zubereitungszeit
15 Minuten

1 Grünkohlblätter waschen, trockenschütteln und quer in schmale Streifen schneiden. Ananas schälen, vom Strunk befreien und in kleine Stücke schneiden. Banane schälen und in Scheiben schneiden.

2 Grünkohlstreifen, Ananasstücke und Bananenscheiben mit Kokoswasser in den Mixer geben. Langsam starten und anschließend auf Höchststufe alles cremig pürieren. In Gläser füllen und mit den Chiasamen bestreut servieren.

Tipps • Kokoswasser ist durchsichtig wie Wasser und befindet sich im Inneren der grünen Kokosnuss. Es schmeckt köstlich und bringt bei Kreislaufbeschwerden oder Unwohlsein den Elektrolythaushalt schnell wieder auf Vordermann. In Asialäden können Sie frische Kokosnüsse kaufen, doch mittlerweile wird Kokoswasser auch im Tetra Pak angeboten, etwa in Drogerien. • In vielen Biogärtnereien ist derzeit eine neue Grünkohlvariante erhältlich: Grünkohl Baby-Leaf. Da sie im Gegensatz zu herkömmlichem Grünkohl keinen Frost braucht, gibt es sie schon während der Sommermonate zu kaufen.

Orangen-Fenchel
mit Ingwer

- Süß-säuerlich • leicht scharf
  - ausgefallen

Für etwa 500 ml

¼ Fenchelknolle mit Grün
2 cm frische
Bioingwerwurzel
2 große Biosaftorangen
1–2 Tropfen Olivenöl

Zubereitungszeit
15 Minuten

1 Fenchelknolle waschen, putzen – dabei das Grün zum Garnieren beiseitelegen –, vom Strunk befreien und klein schneiden. Ingwer gründlich waschen, nicht schälen und in kleine Stücke schneiden. Orangen ebenfalls gründlich waschen, mit Küchenpapier trockenreiben und etwas Schale fein abreiben. Anschließend die Orangen so schälen, dass auch die weiße Haut entfernt wird, und das Fruchtfleisch klein schneiden.

2 Fenchel, Ingwer und Orangenfruchtfleisch mit Olivenöl in den Mixer geben. Langsam starten, anschließend auf Höchststufe kräftig aufmixen und fein pürieren. Nach Bedarf etwas Wasser hinzufügen. In Gläser füllen und mit Orangenabrieb sowie dem beiseitegelegten Fenchelgrün garniert servieren.

Tipps • Es gibt weltweit über 50 verschiedene Sorten Ingwer, die sich je nach Herkunftsland in Qualität und Aroma unterscheiden. Er kann schärfer oder milder schmecken. Umgangssprachlich hat sich der Begriff »Ingwerwurzel« etabliert, obwohl es sich botanisch gesehen um ein Rhizom, einen unter der Erde wachsenden Spross, handelt. • Die 1 bis 2 Tropfen Olivenöl können, müssen aber nicht sein. Generell gilt, dass der Körper die fettlöslichen Vitamine A, D, E und K mit etwas Fett besser aufnehmen kann.

Grünkohl-Spinat
mit **Matcha**

- Grün
- Guten-Morgen-Gute-Laune-Drink

Für etwa 500 ml

50 g Grünkohlblätter
50 g Spinatblätter
2 Saftorangen
½ TL Matchapulver
1 TL Macapulver

Zum Garnieren
2 Holzspieße

Zubereitungszeit
15 Minuten

1 Grünkohl- und Spinatblätter gründlich waschen, abtropfen lassen und klein schneiden. Die Saftorangen so schälen, dass auch die weiße Haut entfernt wird. Anschließend vierteln und klein schneiden. Einige Orangenstücke zum Garnieren beiseitelegen.

2 Grünkohl, Spinat und Orangen mit 150 Milliliter Wasser und Matcha- sowie Macapulver in den Mixer geben. Langsam starten und anschließend auf Höchststufe alles cremig pürieren. In Gläser füllen. Die beiseitegelegten Orangenstücke auf die Holzspieße stecken und den Smoothie mit den Fruchtspießen garniert servieren.

Tipps • Bei der Verwendung von Grünkohl bildet sich beim Mixen auf der Oberfläche Schaum. Sie können dies umgehen, indem Sie einen Eiswürfel mitmixen. • Ein Smoothie mit Grünkohlanteil sollte sofort verzehrt und nicht für einige Stunden im Kühlschrank gelagert werden, denn Grünkohl entwickelt aufgrund seiner Pflanzenbestandteile eine gelartige, dickliche Konsistenz. Frisch getrunken, liefert ein Grünkohl-Smoothie reichlich Mineralien, Chlorophyll und fettlösliche Vitamine.

Rezeptregister

Die grünen Hervorhebungen beziehen sich auf die grünen Smoothies im Buch.

Impressum

1. Auflage 2016
© 2016 by Südwest Verlag, einem Unternehmen der
Verlagsgruppe Random House GmbH, 81673 München

Hinweis: Das vorliegende Buch ist sorgfältig erarbeitet
worden. Dennoch erfolgen alle Angaben ohne Gewähr.
Weder Autorin noch Verlag können für eventuelle
Nachteile oder Schäden, die aus den im Buch gegebenen
Hinweisen resultieren, eine Haftung übernehmen.

Die Verlagsgruppe Random House weist ausdrücklich
darauf hin, dass im Text enthaltene externe Links vom
Verlag nur bis zum Zeitpunkt der Buchveröffentlichung
eingesehen werden konnten. Auf spätere Veränderungen
hat der Verlag keinerlei Einfluss. Eine Haftung des Verlags
für externe Links ist stets ausgeschlossen.

Redaktionsleitung: Silke Kirsch
Projektleitung: Esther Szolnoki
Redaktion: Dr. Ulrike Kretschmer, München
Layout, DTP: Andreas Rimmelspacher
Bildredaktion: Tanja Zielezniak
Umschlaggestaltung: zeichenpool, München, unter
Verwendung eines Fotos von Maike Jessen
Foodfotos und Requisitenstyling: Maike Jessen,
www.maikejessen.de
Foodstyling: Diane Dittmer
Mit Ausnahme von: Fotolia: 29 (Mara Zemgaliete),
42 (coco); Istockphoto: 6 (Central IT Alliance), 9 (vgajic),
10 (Dirima), 43 (Karaidel); RF: 31 (Corbis/Hero Images);
Shutterstock: 13 (nada54); Stockfood: 2 (Gräfe & Unzer
Verlag/Jörn Rynio), 12 (Gräfe & Unzer Verlag/Eising
Studio), 14 (Walter Cimbal), 18 (Ruth Küng).
Reproduktion: Artilitho snc, Lavis (Trento)
Druck und Verarbeitung: Alcione, Lavis (Trento)

Printed in Italy

Verlagsgruppe Random House FSC® N001967
Gedruckt auf dem FSC®-zertifizierten Papier *Profisilk*

ISBN 978-3-517-09430-4
www.suedwest-verlag.de